Flirt zurück

Flirt Zurück!

Das Geheimnis, den perfekten Partner zu finden

Leonard Kehling & Gabriela Torres

Bibliografische Information der Deutschen Nationalbibliothek:
Die Deutsche Nationalbibliothek verzeichnet diese Publikation
in der Deutschen Nationalbibliografie; detaillierte bibliografische
Daten sind im Internet über http://dnb.dnb.de abrufbar.

© 2017 Leonard Kehling & Gabriela Torres

Satz, Umschlaggestaltung, Herstellung und Verlag:
BoD - Books on Demand

ISBN: 978-3-7448-5278-4

Image: photostock / FreeDigitalPhotos.net

Inhalt

Einleitung

Schon wieder ein Flirtratgeber? Gibt es davon nicht schon genug? Dieser Ratgeber ist anders. Die Autoren des Erfolgsratgebers »Ex zurück!? – Das Geheimnis des Wiederzusammenkommens« haben eine Alternative verfasst.

Der Fokus dieses Buches liegt nicht wie bei so vielen Flirtratgebern auf oberflächlichen Verhaltensänderungen, die es ermöglichen sollen, mit jemandem im Bett zu landen. Dieser Ratgeber ist eine Anleitung dazu, einen Partner für eine langfristige Beziehung zu finden. Er richtet sich somit an all diejenigen Leser, die sich nach einer gesunden, harmonischen Partnerschaft sehnen. Er soll Ihnen helfen, sich optimal darauf vorzubereiten und den passenden Partner oder die passende Partnerin für sich zu finden.

Sie sind auf der Suche nach einem Partner oder einer Partnerin? Allerdings nicht nach einem oder einer nur fürs Bett sondern am besten gleich fürs ganze Leben? Dann ist dieser Ratgeber für Sie genau das Richtige. Wir können Ihnen natürlich nicht versprechen, dass Sie den Partner fürs Leben finden. Wir möchten Ihnen aber so gut es geht dabei helfen und Ihnen mit diesem kleinen Buch einige Tipps und Anregungen dafür geben, wie sich Ihre Chancen erhöhen, einen Partner zu finden. Im besten Fall einen Partner, mit dem Sie Ihren weiteren Lebensweg planen können.

Ob Sie eine Frau oder ein Mann sind, spielt keine Rolle. Die meisten Ratschläge richten sich an beiderlei Geschlecht. Wir werden im weiteren Verlauf des Buches allerdings der Einfachheit halber meist von dem Partner sprechen. Dabei ist es natürlich egal, ob es sich in Ihrem speziellen Fall um einen männlichen oder weiblichen Partner handeln soll.

Wir werden Ihnen im Folgenden einige Betrachtungsvorschläge

im Vorfeld der Partnersuche machen. Wir denken, dass es sinnvoll ist, sich mit diesen eingehend zu beschäftigen, um festzustellen, was man eigentlich möchte.

Anschließend erklären wir, wie Sie sich am besten auf die Partnersuche vorbereiten und erläutern die Grundlagen des Flirtens.

Danach begleiten wir Sie bei der eigentlichen Suche bis Sie einen interessanten Partner kennengelernt haben. Wir geben Ihnen Verhaltensratschläge sowohl für die Suche als auch für die Kennenlernphase, nachdem es gefunkt hat.

Anschließend geben wir Ihnen Tipps für Ihre neue Beziehung, damit sie von Anfang an harmonisch beginnen kann.

Wir wünschen Ihnen viel Freude beim Lesen und maximalen Erfolg beim Finden Ihres neuen Partners!

Image: patrisyu / FreeDigitalPhotos.net

Vorbereitung

Sie haben momentan keinen festen Partner, wünschen sich aber jemanden, mit dem Sie angenehme Stunden zu zweit verbringen können? Sie hätten gern regelmäßig Sex in einem eingespielten Team? Sie möchten den Samstagabend gern einmal wieder mit einer Person verbringen, an die Sie sich beim Fernsehen oder DVD-Schauen angenehm kuscheln können? Sie möchten gern Kinder, möchten das allerdings gern zu zweit verwirklichen? Sie sehnen sich also nach einer Beziehung.

Stellen Sie fest, was genau Sie sich wünschen!

So unterschiedlich wir Menschen doch alle sind, so unterschiedlich sind auch unsere Wünsche und die Beweggründe, warum wir uns nach einem Partner sehnen. Wichtig ist, dass Sie sich zunächst klar machen, warum Sie sich einen Partner wünschen, welche Eigenschaften Ihr Partner haben sollte und wie Sie sich Ihre Beziehung mit Ihrem Partner vorstellen.

Stellen Sie zunächst für sich fest, was Sie in Bezug auf Liebe und Partnerschaft wollen.

Es mag profan klingen, aber viele Menschen wissen nicht, was sie eigentlich für eine Beziehung möchten oder mit welchem Typ Partner sie eine Beziehung eingehen möchten. Kennen Sie das? Sie landen immer wieder beim gleichen Typ Mann bzw. Frau und stellen jedes Mal erneut fest, dass Ihre Beziehung aus den gleichen oder ähnlichen Gründen nicht funktioniert wie schon die vorherigen.

Warum suchen Sie einen Partner?

Sie sollten also herausfinden, was Sie wirklich für eine Beziehung wollen. Überlegen Sie sich deshalb, warum Sie einen Partner suchen und schreiben Sie sich diesen Grund oder diese Gründe auf ein Blatt Papier. Schreiben Sie, dass Sie gern jemanden heiraten möchten oder eine Familie gründen möchten oder einfach nur regelmäßigen Sex.

Denken Sie allerdings zunächst etwas über das Thema nach. Ziehen Sie sich für einige Stunden zurück. Machen Sie sich einen Tee oder Kaffee in angenehmer Atmosphäre und lassen Sie sich von niemandem stören.

Wollen Sie einfach nur nicht mehr allein sein? Sehnen Sie sich nach einer Familie? Möchten Sie ein Kind?

Schreiben Sie nach gründlichem Nachdenken auf, was auf Sie zutrifft:

Ich wünsche mir von ganzem Herzen eine Beziehung, weil

....
....
....
....
....
....
....
....
....
....
....
....
....
....
....

Entwerfen Sie einen Plan vom idealen Partner

Schreiben Sie sich nun auf, wie der Partner sein sollte, mit dem Sie gern zusammen wären, um den oben aufgeschriebenen Wunsch zu verwirklichen. Denken Sie dabei an so viele Details als möglich und überlegen Sie sich, wie Ihr Partner in Bezug zu diesen stehen sollte.

Achten Sie dabei auf:
- Alter
- Aussehen, ethnischer Hintergrund
- Wohnort
- Persönlichkeit, Eigenschaften
- Interessen, Hobbys
- Religion, politische Einstellung, Beruf, Bildungsstand
- Heirats- / Kinderwunsch

Ihre Beschreibung könnte so aussehen:

- *Mein Partner ist zwischen ….. und ….. Jahre alt.*

- *Mein Partner sieht wie folgt aus:*

  • *Körpergröße: von…….………bis……………………..*

  • *Statur / ungefähres Gewicht: …………….…………..*

  • *Haare: ………………………………………………...*

  • *Attraktivität: ……………………………………………..*

- Der ethnische Hintergrund meines Partners ist …………... .

- Mein Partner wohnt …………....................……… .

- *Mein Partner hat folgende Persönlichkeitsmerkmale und Eigenschaften:*

  - ....
  - ....
  - ....
  - ....
  - ....
  - ....
  - ....

- *Mein Partner hat folgende Hobbys:*

  - ....
  - ....
  - ....
  - ....
  - ....
  - ....
  - ....

– *Die Religion meines Partners ist* ………….......................... .

– *Politisch steht mein Partner eher* ………….......................... .

– *Mein Partner hat folgenden Bildungsabschluss:*

– ……………………………….………......................... .

– *Beruflich ist mein Partner* ………………………………… .

– *Ein Heiratswunsch ist bei meinem Partner vorhanden / nicht vorhanden.*

– *Es ist in Ordnung / nicht in Ordnung, wenn mein Partner schon verheiratet war.*

– *Ein Kinderwunsch ist bei meinem Partner vorhanden / nicht vorhanden.*

– *Es ist in Ordnung / nicht in Ordnung, wenn mein Partner ein oder mehrere Kinder aus früheren Beziehungen hat.*

– *Weiterhin ist mir an meinen Partner wichtig, dass*

- • ………...

- • ………...

- • ………...

- • ………...

Image: Ben Schonewille / FreeDigitalPhotos.net

Sie müssen natürlich nicht zu jedem hier genannten Punkt eine Meinung haben. Sollten Ihnen Religion, Beruf oder anderes egal sein, lassen Sie das in Ihrer persönlichen Partnerbeschreibung einfach weg.

Erdenken Sie sich Ihren Traumpartner!

Machen Sie sich somit ein Bild von dem Partner, nach dem Sie sich wirklich sehnen und der Ihrer Meinung nach für eine langfristige, gesunde Partnerschaft mit Ihnen geeignet ist. Vielleicht werden Sie denken, dass dies egal ist und dass Liebe ganz unverhofft eintreffen kann, wenn man es nicht erwartet. Das ist richtig. Dennoch macht es Sinn, sich selbst klar zu machen, was man eigentlich möchte.

Vergleichen Sie mögliche Partner mit Ihrem Wunschbild!

Das hilft Ihnen, zu erkennen, wenn Sie wieder einmal bei dem oder der Falschen gelandet sind und dient als Wegweiser zu dem oder der Richtigen. Wenn Sie einen möglichen neuen Partner kennengelernt haben, vergleichen Sie ihn oder sie mit Ihrem Entwurf!

Sind Sie zum Beispiel eine Frau mit Kinderwunsch und lernen einen Mann kennen, der keine Kinder (mehr) möchte, dann machen Sie sich bewusst, was das für Sie bedeutet, wenn Sie nun mit diesem Mann zusammen kommen würden. Machen Sie sich Gedanken darüber, ob Sie mit den Konsequenzen des Abweichens von Ihrem Idealbild leben können!

Vergleichen Sie Ihr Wunschbild mit Ihren früheren Partnern!

Wenn Sie sich die Beschreibung Ihres idealen Partners aufgeschrieben haben, vergleichen Sie diese bitte auch mit Ihren bisherigen Partnern. Was fällt Ihnen auf? Gibt es Gemeinsamkeiten oder Unterschiede?

Unterschiede können in Ordnung sein. Wenn Sie jedoch feststellen, dass Sie mit einem immer wiederkehrenden Muster nicht zurechtkommen, sollten Sie sich ein paar Gedanken dazu machen. Landen Sie beispielsweise immer wieder bei Männern, die nicht heiraten und auch keine Kinder wollen, obwohl Sie sich dies sehnlichst wünschen? Dann müssen Sie sich entscheiden, was Ihnen wichtiger ist und bei Ihrer weiteren Partnerwahl entsprechend vorgehen.

Skizzieren Sie Ihren weiteren Lebensweg!

Ebenso wichtig ist, dass Sie sich überlegen, wie Ihr Leben zukünftig verlaufen soll und was Sie in Ihrem Leben erreichen wollen. Machen Sie sich bewusst, was Sie in Ihrem Leben erreichen möchten, was Sie erleben möchten, was Sie erfahren möchten. Berücksichtigen Sie bei diesen Überlegungen alle Aspekte Ihres Lebens, die Ihnen in den Sinn kommen (Gesundheit, Beruf, Finanzen, Liebe, Hobbys, Interessen). Auch von diesen Überlegungen können Sie ableiten, was für ein Partner zu Ihnen passen könnte.

Schreiben Sie sich Ihre Vorstellungen über Ihr weiteres Leben auf:

Ich möchte in meinem Leben Folgendes erreichen:

- ....

- ....

- ....

- ....

- ....

- ....

Vergleichen Sie sich mit Ihrem Wunschpartner!

Nun ist es wichtig, Ihren eigenen Stil damit zu vergleichen, wie Sie sich Ihren Traumpartner vorstellen. Passen Sie zu der Person, die Sie sich als Partner wünschen?

Seien Sie ehrlich. Wenn Sie ein Mittvierziger 120 kg-Couch-Potatoe sind, der sich nur vom Wohnzimmersofa erhebt, um sich eine Tüte Chips und ein Bier aus der Küche zu holen, wird ein sport- und ausgehbegeistertes zwanzigjähriges Modell zu ihnen passen? Wahrscheinlich eher nicht.

Sie können natürlich trotzdem Ihr Glück versuchen, denn nichts ist unmöglich. In der Tat fällt unser Blick oft auf die ungewöhnlichsten Pärchen.

Nähern Sie sich Ihrer Vorstellung des Traumpartners an…

Sie können Ihre Chancen auf Ihren Traumpartner erhöhen, wenn Sie sich in Ihrem Auftreten, Ihrem Äußeren und Ihrem Gesamteindruck dem annähern, was gemäß allgemeiner Konventionen als das geeignetste erscheint, um ein passendes Pendant zu Ihrem Traumpartner zu sein.

Wenn Sie sich also eine sportliche Partnerin wünschen, seien Sie ein sportlicher Typ. Wenn Sie sich einen lockeren Partner wünschen, kleiden Sie sich nicht immer bis obenhin zugeknöpft. Und so weiter.

…aber bleiben Sie authentisch!

Verbiegen Sie sich jedoch nicht. Sie sollen natürlich auch weiterhin authentisch sein. Das Finden des Traumpartners soll zudem nicht anstrengend sein, sondern es soll Ihnen Spaß machen.

Arbeiten Sie an Ihrer Ausstrahlung und flirten Sie

Wenn Sie in Ihrem bisherigen Leben nicht mit Ihrem Liebesleben zufrieden waren, müssen Sie handeln. Sie müssen sich verändern, andernfalls sind Ihre Chancen ein anderes Liebesleben zu führen als Ihr bisheriges gering.

Sie werden umso erfolgreicher bei der Partnersuche sein, je mehr Zuversicht und Zufriedenheit Sie ausstrahlen. Dies gelingt, wenn Ihr eigenes Leben spannend und sinnvoll ist – insbesondere ohne Partner. Denn dadurch wirken Sie unabhängig und souverän.

Lernen Sie, Zuversicht und Zufriedenheit auszustrahlen!

Ein sicheres Auftreten kann man trainieren und Schüchternheit kann man überwinden – vor allem durch ständiges Üben. Ergreifen Sie jede Gelegenheit zum Handeln. Nutzen Sie jede Chance, die sich Ihnen bietet, um einen möglichen Partner anzusprechen, oder erst einmal mit ihm oder ihr in Kontakt zu treten. Das nennt man auch Flirten.

Flirten Sie immer aktiv!

Fühlen Sie sich immer dafür verantwortlich, beim Flirten den ersten Schritt zu tun. Warten Sie niemals auf ein Zeichen Ihres potentiellen Flirtpartners. Sie bekommen ein solches möglicherweise nicht und verpassen bei Nicht-Flirten vielleicht die Chance Ihres Lebens.

Ein Nebeneffekt des aktiven Handelns ist Ihre starke und bestimmende Wirkung auf den potentiellen Partner. Dies wirkt sehr attraktiv.

Vermeiden Sie Selbstentschuldigungen wie: »Ich mache mich lächerlich.«, »Ich habe keine Zeit.«, usw. Das sind Ausreden, die uns unser Unterbewusstsein schickt, um uns vor einer möglicherweise peinlichen Situation zu bewahren. Die Situation ist jedoch keineswegs peinlich.

Was ist denn dabei, jemanden anzusprechen? Tun wir das nicht alle fast jeden Tag bei irgendwelchen Gelegenheiten?

Geben Sie sich niemals verzweifelt und hilflos! Sie leben schon lange allein? Sie waren noch nie in Ihrem Leben erfolgreich mit Männern beziehungsweise mit Frauen? Resignieren Sie nicht! Schöpfen Sie neue Energie aus der Lektüre dieses Buches! Sie können lernen, Zuversicht und Zufriedenheit auszustrahlen.

Wie Sie das tun? Das Geheimnis einer zufriedenen, zuversichtlichen und attraktiven Ausstrahlung liegt in Ihrem Selbstvertrauen. Dies gilt es also zu steigern.

Gewinnen Sie Selbstvertrauen!

Sie erreichen dies durch einfache Übungen, die jedoch einiges an Überwindung kosten. In der Überwindung liegt jedoch die Kraft, die Sie zum Erfolg führen wird.

Übungen:

1. Grüßen Sie jeden Menschen, der Ihnen täglich begegnet.

2. Beginnen Sie Smalltalk mit jedem, den Sie vom Sehen her kennen. Wechseln Sie ab sofort immer ein paar Worte, mit Leuten, die Ihnen regelmäßig begegnen.

3. Grüßen Sie täglich mindestens fünf <u>fremde</u> Menschen des anderen Geschlechts im Vorbeigehen mit »Hi« oder »Hallo«. Lächeln Sie und schauen Sie den Fremden dabei in die Augen.

Sie werden sich wundern, wie sehr sich Ihre Laune, Ihre Ausstrahlung und Ihre Attraktivität nach nur wenigen Tagen verbessern. Haben Sie nur Mut!

Befragen Sie Ihre Freunde!

Sie sollten ebenfalls Selbstbewusstsein aus der Wertschätzung Ihres Freundeskreises erfahren. Haben Sie einen guten Freundeskreis? Wenn Ihre Antwort »ja« ist, sprechen Sie mit Ihren Freunden oder Freundinnen doch einmal ehrlich über Ihre Vorzüge und positiven Eigenschaften.

Was finden Ihre Freunde oder Freundinnen so toll an Ihnen? Schreiben Sie dies auf, damit Sie sich immer wieder daran erinnern können, wenn Sie einmal ein Stimmungstief haben.

Meine Freunde schätzen an mir:

- ....
- ....
- ....
- ....
- ....
- ....
- ....
- ....
- ....
- ....
- ....

Gewinnen Sie neue Freunde!

Sollten Sie feststellen, dass Sie keinen oder nur einen kleinen Freundeskreis haben oder Ihr früherer Freundeskreis über die Jahre hinweg sehr gelitten hat, reaktivieren Sie Ihren ehemaligen Freundeskreis, erweitern Sie ihn oder suchen Sie sich einen neuen Freundeskreis. Ein Freundeskreis, selbst wenn er klein ist, gibt Ihnen Unterstützung und Rückhalt, schult Ihre soziale Kompetenz und gibt Ihnen Rückmeldung auf Ihr eigenes Verhalten.

Wenn Sie neue Freunde finden möchten, stellen Sie dies am besten so an: Überlegen Sie sich, welche Hobbys Sie haben und wo man Menschen zwanglos in einer Gruppe trifft, die die gleichen Interessen haben. Tun Sie also, was Sie sowieso gern tun möchten. Versuchen Sie nur, dabei in Kontakt mit Menschen zu kommen. Sie werden feststellen, dass Sie dabei wie von selbst neue Bekanntschaften machen werden aus denen nach einiger Zeit womöglich Freunde werden können.

Das Spektrum der Möglichkeiten ist dabei so überaus groß, dass Sie viele verschiede Dinge ausprobieren können und dabei eine Menge interessanter Bekanntschaften machen werden. Sie interessieren sich für Politik? Treten Sie einer Partei bei und gehen Sie zu den Parteiveranstaltungen! Sie lesen gern oder schauen gern Filme? Treten Sie einem Buch- oder Filmclub bei und gehen Sie zu den Diskussionsrunden! Sie interessieren sich für Religion? Gehen Sie dorthin, wo Sie Gleichgesinnte treffen können.

Probieren Sie Neues aus. Sachen die Sie interessieren, die Sie sich aber noch nie getraut haben oder für die Sie noch nie Zeit fanden. Besuchen Sie einen Yoga-Kurs, einen Töpferkurs, einen Kochkurs! Erlernen Sie eine neue Sprache und besuchen Sie eine Sprachschule!

Geben Sie eine Anzeige auf oder suchen Sie nach für Sie passenden Anzeigen. Suchen Sie jemanden, mit dem Sie wandern, reisen, Fahrrad fahren, joggen oder vieles andere machen können. In den Kleinanzeigen regionaler Zeitungen und im Internet wimmelt es nur so von solchen Anzeigen.

Wichtig ist auch, sowohl für Männer als auch für Frauen, dass Sie einen Freundeskreis mit Personen des gleichen Geschlechts haben. Frauen ohne Freundinnen und Männern ohne männlichen Freunden fehlt eine fundamentale psychische Stütze, um über die eigenen geschlechtsspezifischen Probleme reden zu können.

Eine Frau mag als Ratgeber bei den Frauenproblemen eines Mannes ab und an eine interessante Meinung vertreten, aber sie ersetzt nicht die Gespräche unter Männern. Umgekehrt gilt das Gleiche.

Heben Sie Ihre Vorzüge hervor!

Beim Flirten, sowie im weiteren Verlauf des Kennenlernens eines potentiellen neuen Partners, ist es wichtig, dass Sie Ihre eigene Person vorteilhaft zeigen. Dazu müssen Sie diese allerdings erst einmal definieren.

Schaffen Sie sich Ihre gewünschte Fremdwahrnehmung!

Überlegen Sie sich also, wie Sie von anderen gern wahrgenommen werden möchten. Denken Sie dabei an Ihr Aussehen, Ihre Kleidung, Ihr Verhalten, Mimik, Gestik. Möchten Sie gern lässig und cool wirken? Oder lieber ernst, erwachsen und seriös? Was passt zu Ihnen und was spiegelt Ihr inneres Empfinden wieder?

Probieren Sie Ihr Auftreten vor einem Spiegel aus und reflektieren Sie Ihren Wunsch zu Wirken und wie Sie sich tatsächlich wahrnehmen. Sprechen Sie auch mit Freunden darüber – in diesem Fall insbesondere mit Freunden des anderen Geschlechts.

Finden Sie eine gewünschte Fremdwahrnehmung, mit der Sie zufrieden sind. Schreiben Sie sich diese auf, damit es Ihnen leichter fällt, sich immer wieder daran zu erinnern oder sie zu ändern.

Meine gewünschte Fremdwahrnehmung:

....
....
....
....
....
....
....
....
....
....
....
....
....
....
....
....
....
....
....
....
....
....
....
....
....
....
....
....
....

Reflektieren Sie in der ersten Zeit täglich oder nach einer Weile ab und an, ob Sie Ihrem gewünschten Auftreten entsprechen oder ob Änderungen notwendig sind.

Starten Sie ein Attraktivitätssteigerungsprogramm!

In unserem Buch »Ex zurück!? – Das Geheimnis des Wiederzusammenkommens« schreiben wir, dass jemand, der von seinem Partner verlassen wurde, ein selbstständiger, attraktiver und unabhängiger Partner werden muss, damit sein Ex-Partner wieder an einer Beziehung interessiert ist. Um dieses Ziel zu erreichen, empfehlen wir ein Attraktivitätssteigerungsprogramm zusammenzustellen, welches aus physischen und psychischen Komponenten besteht. Ziel ist es, dadurch Selbstwertgefühl und Selbstbewusstsein zu steigern. Das wiederum macht attraktiv, selbstständig, unabhängig – für andere und möglicherweise auch für den Ex-Partner.

Diese Vorschläge gelten auch für Sie, wenn Sie daran interessiert sind, einen Partner für eine langfristige, gesunde Beziehung zu finden. Wenn Sie ein selbstständiger, attraktiver und unabhängiger Partner sind, sind andere auch an einer Beziehung mit Ihnen interessiert.

Die Umsetzung der Vorschläge sollte Bestandteil der täglichen Routine eines jeden Singles sein, der sich auf Partnersuche befindet. Die Tipps sind allerdings nicht nur für Singles interessant.

In »Ex zurück!?« beschreiben wir das Programm so:

1. **Sport**
Körperliche Betätigung ist absolut wichtig. Durch sportliche Betätigung bauen wir Stress ab, der durch alle Bereiche unseres Lebens hervorgerufen wird, zum Beispiel durch unsere Arbeit. Wir übernehmen Verantwortung für den physischen Zustand unseres Körpers und verbessern unsere Gesundheit.

Übernehmen Sie die Verantwortung für den Zustand Ihres Körpers!

Sie treiben schon regelmäßig Sport? Sehr gut! Tun Sie das noch nicht, sollten Sie sich das schnell angewöhnen. Ihr ideales Programm beinhaltet entweder 30 Minuten täglichen Ausdauersport (Joggen, Radfahren, Schwimmen) oder ein kombiniertes Kraft-Ausdauer-Training mit mindestens drei Übungstagen pro Woche. Melden Sie sich in einem Fitness-Center an und stimmen Sie mit einem Coach ein individuell auf Sie abgestimmtes Programm ab!

2. Wellness, Beauty & Kleidung

Wenn Sie eine Frau sind, muss das wahrscheinlich nicht gesondert erwähnt werden. Auch als Mann können Sie einmal einen Abstecher zur Maniküre wagen oder sich beim Friseur Ihres Vertrauens einer Stilberatung unterziehen. Vermeiden Sie es jedoch, sich zu stark verändern zu wollen. Bleiben Sie authentisch, aber überdenken Sie Ihr Erscheinungsbild.

Werden Sie keine neue Person und ändern Sie nicht Dinge, die Sie partout nicht ändern wollen, aber überprüfen Sie, ob bestimmte Änderungen positiv vom anderen Geschlecht aufgenommen werden könnten. Finden Sie eine gewünschte Fremdwahrnehmung, wie oben erwähnt.

Oft reicht es hierbei schon, wenn Sie sich in einem kritischen Gespräch mit einem guten männlichen Freund (wenn Sie eine Frau sind) oder einer guten weiblichen Freundin (wenn Sie ein Mann sind) über Ihr derzeitiges Erscheinungsbild auseinandersetzen. Lassen Sie sich beraten und gehen Sie mit ihrem Freund oder Ihrer Freundin zusammen neue Kleider einkaufen. Wenn Sie Zweifel an bestimmten Empfehlungen haben, nehmen Sie einfach mit ein oder zwei anderen Bekannten Rücksprache.

3. Ernährung

Sind Sie gesund, so lässt Sie das attraktiv erscheinen. Aus diesem Grund ist auch die sportliche Betätigung für Sie so überaus wichtig. Körperliche Betätigung ist ein essentieller Bestandteil einer gesunden Lebensweise. Parallel zu Ihrer sportlichen Betätigung sollten Sie allerdings auch Ihre Ernährung überdenken und gegebenenfalls umstellen. Eine gesunde Ernährung in Verbindung mit der sportlichen Betätigung sorgt für Gesundheit und Wohlbefinden.

Haben Sie Freude an gesunder Ernährung!

Es gibt unzählige Ernährungsratgeber und eine ebenso vielfältige Ratgeberliteratur zu Diäten. Wir möchten weder zu einer bestimmten Diät raten noch irgendwelche Dogmen statuieren. Wichtig ist, dass Sie Spaß und Freude daran entdecken, sich gesund zu ernähren, dass Ihre Ziele (zum Beispiel beim Abnehmen, wenn Sie übergewichtig sind) realistisch sind und dass Sie auch ab und an kleine Sünden zulassen.

Im Groben empfehlen wir folgende Ernährungsrichtlinien:
- Zucker, Kuhmilch, Fertiggerichte, Fast Food, Alkohol und Tabakartikel sind Gift für Ihren Körper. Sie sollten diese Nahrungs- und Genussmittel nach Möglichkeit meiden. Ab und an ein bis zwei Gläser Wein oder Bier sind jedoch völlig in Ordnung.

- Verzehren Sie nur gelegentlich Fleisch – wenn dann am besten Bio-Fleisch oder Fleisch vom Wild (zum Beispiel Hirsch, Wildschwein). Dies ist weniger mit Medikamenten und anderen Schadstoffen belastet. Die Tiere haben eine natürlichere Lebensweise als industriell gezüchtete Tiere. Dies wirkt sich positiv auf die Qualität des Fleisches aus. Essen Sie ab und an lieber Fisch statt Fleisch. Am besten Hochseefisch oder Fisch aus kontrollierten (Berg-) Seen, da auch diese Sorten weniger belastet sind.

–   Essen Sie vor allem viel Obst und Gemüse (am besten biologisch angebaut), Milchprodukte wie Joghurt, Quark und Käse, Nüsse sowie Meer-, Kristall- oder Steinsalz.

–   Trinken Sie vor allem reines Wasser, ungesüßte Kräutertees und ab und an Fruchtsäfte. Meiden Sie Kaffee, Alkohol und Soft-drinks.

4. Die psychische Komponente: Die Kraft der eigenen Gedanken
Ein weiterer wichtiger Aspekt, den Sie auf Ihrem Weg zu erstarktem Selbstbewusstsein und mehr Attraktivität berücksichtigen sollten, ist der, ihre Gedankenwelt in Ihre Aktivitäten gezielt einzubeziehen.

Schluss mit miesepetrigen Gedanken, wie »Ich finde ja doch keinen Mann.« oder »Ich bin nicht hübsch.« oder »Ich bin dick.«! Denken Sie stattdessen neue, positive Gedanken!

Benutzen Sie Ihre Gedanken zu Ihrem Vorteil!

Wichtig ist, dass Sie Ihre Gedanken gezielt lenken und zu Ihrem Vorteil einsetzen. Dafür gibt es zunächst einige Grundübungen, die Sie benutzen können:

a. Autogenes Training
Das autogene Training ist sicherlich der Klassiker unter den Konzentrationsübungen. Ziel ist es, durch gezielte Atem- und Gedankenübungen zu innerlicher Ruhe zu finden, um daraus letztendlich Kraft schöpfen zu können.

Eine sehr zu empfehlende Anleitung finden Sie in Delia Grasbergers Buch »Autogenes Training«.

Kurz gefasst bedeutet autogenes Training, dass Sie ein bis dreimal am Tag (wenn möglich morgens, mittags und abends) einen Moment der Ruhe finden, in dem Sie am besten liegend und mit geschlossenen Augen eine bestimmte Gedankenfolge durchgehen und dabei die gedachten Gedanken körperlich nachempfinden. Dies ist zunächst ungewohnt und erscheint etwas merkwürdig. Nach einiger Zeit des Übens stellen sich allerdings merkliche Erfolge ein. Man wird ruhiger.

Eine Gedankenfolge könnte in etwa lauten:

»Geräusche sind völlig gleichgültig.
Gedanken kommen und gehen.

Ich bin ganz ruhig.
Ich bin ruhig und gelassen.

Meine Arme sind schwer.
Meine Beine sind schwer.

Mein rechter Arm ist warm.
Mein linker Arm ist warm.
Meine Beine sind warm.

Mein Herz schlägt ruhig und gleichmäßig.

Atmung ruhig und gleichmäßig.
Es atmet mich.

Mein Sonnengeflecht ist strömend warm.
Meine Stirn ist angenehm kühl.«

Die einzelnen Sätze werden mehrmals wiederholt, währenddessen man sich das Gedachte vorstellt. Das heißt zum Beispiel, dass Sie fühlen wie schwer Ihre Beine sind, wenn Sie denken »Meine Beine sind schwer.«.

Am besten Sie lesen das Buch von Delia Grasberger oder besuchen einen Kurs. Diese werden oft von Volkshochschulen, Krankenkassen usw. angeboten.

b. Autosuggestive Mantras
Durch den Einbau gezielter Denksätze am Ende Ihres autogenen Trainings können Sie die mentale Entspannung des autogenen Trainings für eine gezielte Stärkung Ihres Selbstbewusstseins nutzen. Diese werden von Ihrem Unterbewusstsein aufgenommen und so, wie Sie die Entspannung Ihres Körpers spüren, wenn Sie regelmäßig »Ich bin ganz ruhig.« zu sich sagen, werden sich auch Ihre gezielten Denksätze Ihrem Unterbewusstsein einprägen und sich in Ihrem Fühlen bemerkbar machen.

Gezielte Denksätze können beispielsweise sein:

»Mir geht es gut.«
»Ich bin gesund.«
»Ich bin glücklich.«
»Ich bin schön.«
»Ich bin stark.«
»Ich bin entspannt.«
»Ich bin attraktiv.«
»Ich bin feminin/maskulin.«

Sie können sich auch eine ganze Folge solcher Sätze zusammenstellen, sie auswendig lernen und sie wie ein Mantra den ganzen Tag über denken.

Denken Sie positive Gedanken!

Sie werden ruhiger und gelassener. Sie können sich besser konzentrieren. Sie vermeiden negative Gedanken, in dem Sie gezielt positive, aufbauende Gedanken denken. Und das können Sie sogar ganz allein mit Hilfe solch einfacher, autosuggestiver Techniken.

c. Yoga

Yoga ist ebenfalls sehr empfehlenswert. Eine angemessene Erklärung im Rahmen dieses Buches ist jedoch nicht möglich. Am besten Sie besuchen eine Schnupperstunde eines Yoga-Kurses, um einen ersten Eindruck zu bekommen. Yoga verbindet meditative Elemente und Atemübungen mit gezielten Bewegungsmustern.

d. Meditation

Autogenes Training und Yoga sind im weitesten Sinne Meditationsformen. Eine Meditation ist eine Konzentrationsübung, bei der sich der Geist beruhigt und sammelt.

Unter reiner Meditation wird oft eine Übung verstanden, die etwa folgender entspricht:

–   Sie sitzen im Schneidersitz mit geschlossenen Augen. Die Handaußenflächen berühren die Knie, so dass Ihre Hände nach oben geöffnet sind.
–   Sie atmen ein und aus und nehmen das Atmen gezielt wahr.
–   Sie blenden alle Gedanken aus. Dies lässt sich zum Beispiel durch das Denken eines kurzen – möglichst sinnlosen – Mantras erreichen. Beispielsweise können Sie beim Einatmen »So« denken und beim Ausatmen »Hm«. Sollten Sie Probleme damit haben, geistige Bilder abzustellen, können Sie sich diese Silben gleichzeitig bildlich als geschriebene Wörter vorstellen.
–   Verharren Sie anfangs zehn, später fünfzehn oder zwanzig Minuten im meditativen Zustand.

Planen Sie täglich etwas Zeit für solche meditativen Übungen ein. Schon nach kurzer Zeit werden Sie feststellen, dass Sie so zu mehr innerer Ruhe und Gelassenheit gelangen.

Image: Serge Bertasius Photography / FreeDigitalPhotos.net

Grundlagen des Flirtens

Sollten Sie ein schüchterner Mensch sein, empfinden Sie das Wort Flirten vielleicht als negativ. Ändern Sie Ihre Einstellung! Flirten ist absolut nichts Schlechtes. Im Gegenteil: Es ist Ihr Schlüssel zum Glück. Und mit ein bisschen Übung ist es auch gar nicht schwer.

Unter Flirten versteht man eine unverbindliche Kontaktaufnahme, mit einer erotischen Konnotation. Verstehen Sie es als eine Art Werben für Sie als möglichen Partner.

Bewerben Sie sich als Partner!

Werben Sie immer aktiv. Akzeptieren Sie stets ein »nein«. Geben Sie aber nicht zu früh auf.

Ändern Sie Ihre Definition eines erfolgreichen Flirts. Verstanden Sie darunter vielleicht bisher, eine Telefonnummer zu bekommen oder miteinander im Bett zu landen, sehen Sie ihn jetzt als das Sammeln einer Erfahrung. Lassen Sie sich von Ablehnungen nicht entmutigen.

Sammeln Sie Flirterfahrung!

Betrachten Sie das Werben um einen Partner als Spiel des sich Verkaufens. Sammeln Sie Erfahrungen und denken Sie immer an das Gesetz der großen Zahl: Je mehr potentielle Partner Sie ansprechen, desto größer ist die Chance, dass Sie den richtigen finden.

Setzen Sie nicht alles auf eine Karte!

Flirten Sie mit mehreren Personen gleichzeitig. Ist dies nicht ein etwas unmoralischer Tipp? Sie könnten dies eventuell einwenden. Allerdings liegen die Vorteile des Poly-Flirts klar auf der Hand:

1. Sie verlieren nicht alles, wenn es mit einem der Flirtpartner nicht klappt.

2. Sie sind sicherer – also nicht so nervös, da Sie bei der Gesamtzahl der Chancen nicht so viel riskieren.

Im Endeffekt wirken Sie also selbstbewusster, souveräner und entspannter, was wiederum Ihre Chancen bei Ihren Flirtpartnern erhöht.

Entscheiden Sie sich jedoch rechtzeitig, mit welchem Flirtpartner Sie weitere Schritte auf dem Weg zu einer Beziehung gehen möchten. Gehen Sie nicht mit mehreren Flirtpartnern ins Bett, wenn Sie an einer monogamen Beziehung interessiert sind. Separieren Sie also rechtzeitig. Dies ist ein etwas heikles und schwieriges Unterfangen, bei dem Sie Fingerspitzengefühl beweisen müssen.

Orte zum Flirten

Der richtige Ort ist überall. Flirten Sie im Café, im Bus oder in S-, U-, Straßen- und sonstigen Bahnen. Flirten Sie im Aufzug, in der Kantine, im Restaurant, im Fitnessstudio, im Buchladen, in Museen, bei Ausstellungen, bei Konzerten, im Hörsaal oder einfach auf dem Gehweg.

Nutzen Sie Alltagssituationen zum Flirten!

Betrachten Sie Flirten als Spiel und lassen Sie möglichst keinen Flirt aus. Nutzen Sie auch erzwungene Pausen zum Flirten. Sie stehen im Stau? Kein Problem. Lächeln Sie und schauen Sie sich um, wer sich in den Autos neben, vor oder hinter ihnen befindet. Gibt es einen potentiellen Flirtpartner?

Machen Sie auf sich aufmerksam!

Fallen Sie immer ein wenig auf. Kleiden Sie sich beispielsweise etwas auffällig oder schmücken Sie sich mit etwas besonderem, womit Sie die Aufmerksamkeit anderer auf sich ziehen. Sie bieten dadurch nicht nur Gesprächsstoff für eine Unterhaltung mit einem oder einer Unbekannten, Sie werden auch bemerken, dass Sie von mehr Personen angeschaut werden bzw. dass Sie mehr Personen als normalerweise auffallen.

Ihr Ziel ist es, einen Partner für eine langfristige, gesunde Beziehung zu finden, der Sie liebt und den Sie lieben können. Sie sollten den Gedanken daran beim Flirten jedoch konsequent ausblenden. Beim Flirten geht es nicht darum, den Partner fürs Leben kennenzulernen. Es geht lediglich darum, mit einem Personenkreis in Kontakt zu kommen, in dem sich ein möglicher Partner fürs Leben verbirgt. Das ist alles.

Machen Sie sich auch keinen Stress, dass Sie in irgendeiner Art und Weise erfolgreich sein müssen. Definieren Sie Erfolg vielmehr so, dass es für Sie bedeutet, erfolgreich zu sein, wenn Sie aktiv darum bemüht sind, jemanden kennenzulernen. Ist das nicht schon toll genug?

Es gibt unzählige Menschen, die ebenfalls gern einen Partner finden würden, die allerdings nichts tun. Sie sind anders! Sie haben sich ein Ziel gesetzt, werden dieses verfolgen, interessante Menschen kennenlernen und mit großer Wahrscheinlichkeit auch einen Partner, mit dem Sie eine langfristige, gesunde Beziehung eingehen können.

Setzen Sie sich Flirtziele!

Setzen Sie sich deshalb beim Flirten kurzfristige Ziele, zum Beispiel die Telefonnummer eines attraktiven oder interessanten Gesprächspartners zu bekommen, sich auf einen Kaffee zu verabreden oder bei Ihrem Gesprächspartner romantische Gefühle zu erzeugen.

Insbesondere das Erzeugen romantischer Gefühle ist etwas, das ein Flirtpartner zu schätzen weiß. Er oder sie wird Sie sobald nicht vergessen, wenn Sie es gleich im ersten Moment geschafft haben, solche Gefühle auszulösen. Vermitteln Sie ihrem Gesprächspartner einen Hauch von Romantik und sorgen Sie dafür, dass sich diese Erfahrung mit Ihrer Person verbindet. Wie Sie das schaffen, erklären wir im Kapitel »Der erste Moment«.

Versetzen Sie sich in Flirtlaune

Um gut gelaunt das Flirten zu beginnen, ist es sinnvoll, sich vor dem Verlassen des Hauses in Flirtlaune, das heißt in eine gute, freudige Stimmung zu versetzen.

Schaffen Sie sich Rituale zur Flirtvorbereitung!

Das klappt am besten, wenn Sie es sich zur Gewohnheit machen, einem bestimmten Ritual zu folgen. Beispielsweise können Sie vor dem Verlassen Ihrer Wohnung immer in den Spiegel schauen, sich anlächeln und sich selbst etwas Nettes sagen, zum Beispiel: »Du siehst heute wieder gut aus! Die Männer (oder Frauen) werden heute wieder auf Dich fliegen!«.

Verbreiten Sie gute Laune!

Machen Sie es sich auch zur Gewohnheit, mit möglichst vielen Menschen zu sprechen. Seien Sie beim Smalltalk mit anderen gut gelaunt. Grüßen Sie alle Menschen, die Sie vom Sehen kennen und seien Sie dabei freundlich. Sagen Sie nach einiger Zeit kleine Sätze, wenn die Leute Sie zurück grüßen, wie zum Beispiel: »Na, wie geht's?« Verbreiten Sie einfach gute Stimmung. Erwarten Sie dabei allerdings selbst nichts von den anderen Menschen.

Das alles schult Ihre sozialen Kompetenzen. Sie werden nach einer Weile bemerken, dass es sich dann auch viel leichter flirten lässt, da Sie nun einfach Routine darin haben, mit vielen Menschen zu sprechen.

Benutzen Sie Affirmationen!

Affirmationen können Ihnen bei vielen alltäglichen Dingen helfen. Beim Flirten können Sie Affirmationen verwenden, um Ihr Selbstbewusstsein und damit Ihre Attraktivität zu steigern und um sich in eine gute Stimmung zu versetzen, zum Beispiel bevor Sie das Haus verlassen, um nach einigen Flirtchancen Ausschau zu halten.

Was steckt dahinter? Was Sie glauben, werden Sie sehen und erleben. Wenn Sie unbedingt und wahrhaftig einen Porsche 911 haben möchten oder eine Urlaubsreise nach Ulan-Bator unternehmen möchten und wenn Sie sich oft und ausgiebig mit diesen Dingen beschäftigen und darüber nachdenken, werden Sie unweigerlich Handlungen unternehmen, die darauf hinwirken, dass Sie eines Tages einen Porsche 911 fahren werden oder im Flugzeug nach Ulan-Bator sitzen.

Verinnerlichen Sie dies! Denken Sie vor allem daran, an die Dinge und Zustände zu denken, die Sie möchten und nicht an die Dinge, die Sie nicht möchten. Wenn Sie ein nervöser Autofahrer sind, der ständig mögliche Unfallsituationen vor Augen hat, werden Sie wahrscheinlich eines Tages einen Unfall provozieren. Wenn Sie ständig daran denken, dass Ihre Beziehung kaputt geht, wird dies mit ziemlicher Wahrscheinlichkeit eines Tages passieren.

Dieses Phänomen wird gemeinhin als das Gesetz der Anziehung bezeichnet und ist vor einigen Jahren durch den Film und das Buch mit dem Titel »The Secret« einer breiten Öffentlichkeit ins Bewusstsein gerufen worden.

Man mag dies als Esoterik abtun, aber Fakt ist, dass wenn Sie sich auf ein bestimmtes Ziel fokussieren, es eine große Wahrscheinlichkeit gibt, dass Sie dieses Ziel erreichen oder ihm zumindest sehr nahe kommen. Das mag oft sehr einfache und plausible Gründe haben: Wenn Sie eine erfolgreicher Tennisspieler sein wollen, werden Sie viel üben und sich kontinuierlich verbessern. Vielleicht werden Sie kein Wimbledon-Sieger, aber durch das viele Üben werden Sie höchstwahrscheinlich ein hervorragender Tennisspieler.

Durch Affirmationen können Sie diese Effekte verstärken, in dem

Sie Ihrem Unterbewusstsein suggerieren, dass das, was Sie möchten, bereits Realität ist. Hier einige Beispiele:

»Ich bin eine selbstbewusste, attraktive Frau.«

»Ich bin ein gutaussehender Mann, auf den die Frauen stehen.«

Wichtig ist, dass Sie Ihre Affirmationssätze in der Gegenwartsform bilden, dass Sie nur Ihre Ziele formulieren und dabei spezifisch sind und dass Sie keine negativen Formulierungen verwenden.

Die Gegenwartsform sollten Sie wählen, um sich vollkommen auf das Hier und Jetzt und nicht auf einen wagen Moment in der Zukunft zu konzentrieren. Mit negativen Formulierungen ist beispielweise folgendes gemeint:

»Ich habe keine Angst, Frauen anzusprechen.«

Obwohl an diesem Satz eigentlich nichts auszusetzen ist, fördert er subtil den Fokus auf die Angst in Ihrem Unterbewusstsein. Das sollten Sie vermeiden. Besser wäre es zum Beispiel mit folgendem Satz:

»Es fällt mir leicht, Frauen anzusprechen.«

Am besten ist es, wenn Sie Formulierungen verwenden, die zudem Gefühle auslösen. Dies verstärkt die Wirkung auf Ihr Unterbewusstsein. Sagen Sie beispielsweise:

»Es macht mich glücklich, Frauen anzusprechen.«

»Ich genieße es, Frauen anzusprechen.«

Diese Botschaften an Ihr Unterbewusstsein können eine enorme Kraft entfalten und dementsprechend wirkungsvoll sein. Probieren Sie es für einige Zeit aus und erleben Sie den Effekt!

Wichtig ist, dass Sie Ihre Affirmationen mit Überzeugung denken oder am besten mit Überzeugung und Autorität laut aufsagen. Wovon Sie Ihr Unterbewusstsein überzeugt haben, das besitzen Sie quasi schon.

Denken Sie positiv!

Üben Sie sich in positivem Denken. Sagen Sie zu sich selbst: »Alles ist gut.« Wiederholen Sie diese Worte immer wieder. Beginnen Sie langsam damit, Kontrolle über Ihre Gefühle zu bekommen, insofern Sie das nicht schon gut können. Dies ist nicht leicht und fällt am Anfang sehr schwer. Sie werden jedoch sehen, dass es mit der Zeit immer besser funktioniert.

Beginnen Sie damit, sich auf sich selbst, Ihr Leben und Ihre eigenen Ziele zu konzentrieren. Und indem Sie dies tun, werden Sie Kraft für Ihre zukünftigen Unternehmungen sammeln.

Der erste Moment

Der Moment des Kennenlernens spielt eine sehr große Rolle. Der erste Eindruck, den man von einem Menschen bekommt, ist für lange Zeit der entscheidende. Die emotionale Meinungsbildung über eine Person, die man neu kennenlernt, erfolgt in der Regel innerhalb der ersten zehn Sekunden. Außerdem hat man nur eine einzige Chance für eben diesen ersten Eindruck. Sie sollten diesen Moment deshalb optimal nutzen.

Nutzen Sie den Moment des Kennenlernens – Ihre einmalige Chance einen guten ersten Eindruck zu machen!

Dafür ist es wichtig, dass Sie auf diesen Moment optimal vorbereitet sind. Da dieser Moment jedoch quasi jederzeit sein kann, müssen Sie immer darauf gefasst sein, plötzlich Ihrem Wunschpartner oder Ihrer Wunschpartnerin zu begegnen. Bereiten Sie sich deshalb darauf vor:

- Kleiden Sie sich immer so, als würden Sie heute der Liebe Ihres Lebens begegnen.

- Haben Sie immer die innere Einstellung, heute bereit dafür zu sein, der Liebe Ihres Lebens zu begegnen.

- Programmieren Sie sich innerlich darauf, geeignete Situationen sofort zu erkennen und auszunutzen. Stellen Sie Ihren Empfang auf Liebe.

Treten Sie selbstbewusst auf. Wie Sie Selbstbewusstsein verinnerlichen können, haben Sie ja bereits gelernt. Sie sind einfach selbstbewusst!

Alles ist eine Frage der Einstellung. Seien Sie einfach überzeugt davon, dass Sie interessant, reif für eine Beziehung und attraktiv sind. Nach der Lektüre dieses Buches sind Sie es auf jeden Fall!

Seien Sie bereit für eine Beziehung!

Sprechen Sie potentielle Flirtpartner an. Nutzen Sie dafür jede sich bietende Gelegenheit. Sie warten gerade auf den Bus und neben Ihnen steht ein attraktiver Mann? Sprechen Sie ihn an! Sie sitzen gerade in einem Café und drei Tische entfernt sitzt eine junge Frau, die einen Kaffee trinkt und in einem Magazin blättert? Sprechen Sie sie an! Sie stehen gerade im Stau und im Auto neben Ihnen sitzt eine äußerst interessante Person? Machen Sie sie auf sich aufmerksam!

Nutzen Sie Chancen zum Flirten konsequent!

Jede verpasste Gelegenheit ist eine verpasste Chance der großen Liebe Ihres Lebens zu begegnen. Sie haben nichts zu verlieren, nur zu gewinnen. Machen Sie sich dies stets bewusst!

Flirten Sie also mit jedem, der Ihnen sympathisch erscheint und bei dem Sie denken, dass es sich lohnen könnte.

Wenn Sie ein Mann sind, achten Sie in jedem Fall darauf, dass Sie allen Frauen in Ihrem Leben mit Achtung begegnen. Respektieren Sie immer jede Form von »nein«. Geben Sie einen Flirt allerdings auch nicht zu früh auf!

Die Begegnung mit dem Flirtpartner

Sie haben ein potentielles Flirtziel erfasst? Der Mann, der neben Ihnen auf den Bus wartet? Die junge Dame, die gerade auf der Parkbank ein Eis isst? Gut so. Dann kann es ja losgehen!

Nun müssen Sie die betreffende Person ansprechen. Dies ist oft ein heikler Punkt, der viel Überwindung kostet und den die meisten Menschen scheuen. Sie haben Angst davor, peinlich zu wirken oder einen Korb zu bekommen.

Sprechen Sie potentielle Flirtpartner an!

Wenn Sie unsere Hinweise zum Schöpfen von Selbstvertrauen beachtet haben, ist das allerdings kein Problem. Sie sprechen regelmäßig mit anderen Menschen. Sie fühlen sich gut. Sie fühlen sich attraktiv. Sie sind attraktiv. Jemanden anzusprechen ist das einfachste auf der Welt für Sie. Und wie die andere Person reagiert, kann Ihnen doch egal sein.

In der Regel wird die andere Person völlig normal reagieren. Ihr potentieller Flirtpartner wird vielleicht etwas überrascht sein. Das jemand aggressiv oder abweisend reagiert kommt allerdings nur selten vor. Die meisten Menschen freuen sich, wenn jemand Interesse an ihnen hat und reagieren dementsprechend positiv darauf, von einem Fremden angesprochen zu werden.

Wichtig ist, dass Sie die Initiative ergreifen!

Wichtig ist in erster Linie nicht so sehr, was Sie sagen, sondern dass Sie überhaupt etwas sagen. Damit eröffnen Sie den Flirt. Seien Sie spontan und beginnen Sie harmlos, ehrlich und situationsspezifisch.

Machen Sie es dem anderen einfach, Ihnen zu antworten. Wenn Sie nicht sehr spontan sind und Improvisieren Ihnen schwerfällt, beginnen Sie mit etwas Banalem. Fragen Sie nach der Uhrzeit, nach dem Weg, oder etwas ähnlichem. Mit der Zeit werden Sie sehen, dass Ihnen das Ansprechen immer leichter fällt und dass Sie ein Gespür dafür entwickeln werden, etwas Passendes zu sagen bzw. zu fragen.

Sie können auch einfach nach dem Namen fragen. Nach einigen Wortwechseln sollten Sie das in jedem Fall tun und sich ebenfalls mit Ihrem Namen vorstellen.

Achten Sie auf die Reaktion des Angesprochenen!

Sollte die von Ihnen angesprochene Person lächeln und sich in Ihre Richtung lehnen, dürfen Sie davon ausgehen, dass sie sich mit Ihnen gern unterhalten möchte. Sieht sie weg oder lächelt sie gezwungen, kann es sein, dass die angesprochene Person kein Interesse an einer Unterhaltung hat oder dass sie einfach schüchtern ist. Geben Sie nicht gleich auf und verwechseln Sie Schüchternheit nicht mit Arroganz.

Achten Sie auf Ihre Körperhaltung!

Begegnen Sie Ihrem Flirtpartner mit direktem, intensivem Blick, schauen Sie ihn direkt an, wenden Sie sich der Person zu und lächeln Sie. Sprechen Sie nie jemanden von hinten, sondern immer von vorne an. Achten Sie darauf, dass Ihre Körperhaltung entspannt ist. Verschränken Sie Ihre Arme nicht, sondern lassen Sie sie entspannt hängen. Benutzen Sie kein Getränk als Schutzschild, sollten Sie jemanden in einer Bar ansprechen. Lassen Sie Ihre Beine leicht gespreizt. Stellen Sie sich nicht so nah, dass der andere sich bedrängt fühlen könnte.

Verwickeln Sie Ihr Gegenüber in ein Gespräch!

Versuchen Sie ein Gespräch mit Ihrem Gegenüber aufrecht zu erhalten. Je nachdem in welcher Situation Sie sich gerade befinden und über was Sie sprechen, kann dieses reiner Smalltalk oder aber eine tiefgründige Diskussion sein. Wichtig ist dabei, wie Sie sich Ihrem Gesprächspartner gegenüber verhalten.

Achten Sie auf Körpersprache!

Machen Sie sich Ihre eigenen Körpersignale und die Ihres Gegenübers bewusst. Achten Sie auf Ihr Verhalten. Kontrollieren Sie sich. Allerdings nur so sehr, dass Sie immer noch natürlich wirken.

Beachten Sie drei entscheidende Punkte:
- Zeigen Sie Ihrem Gegenüber, dass Sie ihn oder sie sympathisch finden und schätzen.

- Legen Sie Wert auf Ähnlichkeiten in Ihrem Verhalten (zum Beispiel durch Spiegeln) und Ihren Ansichten.

- Erlauben Sie sich allerdings kleine Unterschiede.

Lassen Sie insbesondere einige Ihrer persönlichen Interessen erkennen. Eventuell lässt sich das Gespräch weiter daran anknüpfen. Sollte Ihr Gesprächspartner entgegengesetzte Interessen haben oder sollten sich sogar Interessenskonflikte abzeichnen, bemerken Sie diese somit wenigstens zu einem frühen Zeitpunkt.

Räumen Sie kleine Schwächen ein. Seien Sie aber vorsichtig damit und stellen Sie sich nicht weniger attraktiv, begehrenswert und verführerisch dar, als Sie sind.

Passen Sie darauf auf, dass Ihr Gesprächspartner nicht das Gefühl bekommt, dass Sie ihn oder sie verhören. Fragen sind ein Muss, aber Sie sollten auf eine gute Balance zwischen Fragen und Erzählen achten.

Bleiben Sie am Ball!

Erzeugen Sie bei Ihrem Gegenüber ein Gefühl der Sicherheit. Dies tun Sie am besten, in dem Sie immer wieder bei den gleichen Themen am Ball bleiben. Insbesondere Frauen fühlen sich in den Momenten gut, in denen sie sich sicher fühlen.

Halten Sie intensiven Augenkontakt mit Ihrem Gegenüber. Schauen Sie ihm oder ihr mindestens während ¾ ihres Gesprächs in die Augen. Öffnen Sie dabei Ihre Pupillen. Dies erreichen Sie dadurch, dass Sie an Ihre attraktiven Seiten und an Sex denken. Verbannen Sie jegliche negativen Gedanken während Ihres Gesprächs.

Wenn Sie am Sprechen sind und zu Ende gesprochen haben, lassen Sie Ihren Blick noch für einige Sekunden auf den Augen Ihres Gegenübers haften. Dies können Sie auch dann tun, wenn Sie durch eine andere Person (zum Beispiel durch die Bedienung in einer Bar oder durch den Kellner in einem Restaurant) im Gespräch unterbrochen wurden. Dies löst in Ihrem Gegenüber ein angenehmes Gefühl aus. Unterbewusst spürt die Person, dass Sie von ihr fasziniert sind.

Erkunden Sie Ihr Gegenüber mit Ihren Blicken. Achten Sie jedoch darauf, dass Ihre Blicke unverfänglich sind. Dies ist besonders wichtig, wenn Sie ein Mann sind, denn Frauen mögen es meist nicht, wenn Sie das Gefühl haben, dass ein Mann Ihren Körper scannt.

Achten Sie auf Reaktionen Ihres Flirtpartners!

Beachten Sie, inwiefern Ihr Gegenüber am Gesprächsverlauf interessiert ist. Verengen sich die Pupillen? Dies könnte ein Anzeichen einer ablehnenden Haltung sein. Erweitern sich die Pupillen? Dies könnte darauf hindeuten, dass Ihr Gegenüber Ihnen gespannt zuhört.

Schaut Ihr Gesprächspartner ständig von Ihnen weg, wirkt er oder sie nervös oder zeigen zum Beispiel seine bzw. Ihre Füße von Ihnen weg, könnte dies bedeuten, dass er oder sie am liebsten die Flucht ergreifen möchte. Es kann jedoch auch sein, dass Ihr Gegenüber nur besonders schüchtern ist. Seien Sie in diesem Fall besonders einfühlsam, gelassen und versuchen Sie eine entspannte Atmosphäre zu schaffen.

Reden Sie mit Frauen über Gefühle!

Wenn Sie ein Mann sind, sollten Sie darauf achten, auf Ihr weibliches Gegenüber einzugehen. Das heißt, sprechen Sie von Gefühlen. Frauen werden von Ihnen begeistert sein. Sprechen Sie von Ihren eigenen Gefühlen. Insbesondere Frauen sprechen äußerst gut darauf an, da es die gleichen Gefühle bei Ihnen hervorruft.

Fragen Sie Ihre Gesprächspartnerin ab und an nach ihrer Meinung zu bestimmten Themen, hören Sie aktiv zu, verwenden Sie öfters das Wort »fühlen«, halten Sie Blickkontakt, zeigen Sie eigene Emotionen und verwenden Sie häufig Adjektive.

Reden Sie mit Männern deutlich und langsam!

Bei der Unterhaltung mit Männern kommt es hingegen darauf an, nicht zu schnell zu sprechen und sich klar auszudrücken. Sonst sind die meisten leider etwas überfordert. Reden Sie als Frau mit einem Mann während der Kennenlernphase lieber nicht über Gefühle. Sie könnten sie dadurch verunsichern. Viele Männer reden allgemein nicht gern über Gefühle.

Reden Sie von Ihrem Flirtpartner und nicht von sich!

Generell gilt, dass Sie möglichst wenig das Wort »ich«, dafür allerdings häufig die Worte »du« und »wir« benutzen sollten. Sprechen Sie Ihren Gesprächspartner auch oft beim Vornamen an, sobald Sie diesen in Erfahrung gebracht haben – am besten circa alle fünf Minuten. Das wird Ihrem Gegenüber schmeicheln. Wir lieben es, wenn Menschen uns beim Namen nennen.

Bilden Sie Rapport!

Es ist wichtig, dass Sie eine Beziehung zu Ihrem Gesprächspartner aufbauen, bevor Sie sich zu einem Date mit ihm oder ihr verabreden. Wenn Sie als Frau zu schnell zur Sache kommen, könnten Männer irritiert und verschüchtert sein, da sie ein zu schnelles Vorgehen von den meisten Frauen nicht gewohnt sind. Frauen andererseits könnten sich bei zu forschen Männern als Sexobjekt fühlen und ebenfalls etwas gehemmt reagieren. Sie sind also auf der sicheren Seite, wenn Sie mit dem Vorschlag zum Treffen etwas abwarten.

Lachen Sie!

Ebenfalls sehr wichtig ist, dass Sie immer und immer wieder lachen. Am besten ist es, wenn Sie beide zusammen lachen. Halten Sie eine freundliche, wenn nicht sogar humorvolle Stimmung während der ganzen Zeit des Gesprächs bei.

Vermeiden Sie Konflikte!

Seien Sie bitte geduldig mit Ihrem neuen Schwarm. Vermeiden Sie auf jeden Fall jedwede Konflikte, wenn Sie weiterhin an Ihrer neuen Bekanntschaft interessiert sind. Dies gilt ebenfalls für die Zeit der ersten Verabredungen.

Zeigen Sie anfangs auch nicht zu viel Interesse. Es kann für manche Menschen sehr unangenehm sein, wenn einen jemand die ganze Zeit mit einem schmachtenden Blick anschaut. Halten Sie sich lieber dezent distanziert zurück.

Image: patrisyu / FreeDigitalPhotos.net

Flirten soll Spaß machen. Sie sollen sich gut dabei fühlen und amüsieren. So gesehen ist Flirten gut für Ihr Wohlbefinden und Ihre Gesundheit. Es schult Ihre sozialen Kompetenzen und steigert kontinuierlich Ihr Selbstwertgefühl und Ihre Selbstsicherheit.

Bekommen Sie die Telefonnummer Ihres Flirtpartners!

Das hauptsächliche Ziel, zumindest wenn Sie auf der Suche nach einer dauerhaften, gesunden Partnerschaft sind, liegt jedoch darin, die Telefonnummer Ihres Flirtpartners zu bekommen, so dass Sie diesen für weitere gemeinsame Aktivitäten kontaktieren können.

Wichtig ist, dass Sie sich wirklich auf die Telefonnummer konzentrieren und Ihren Flirtpartner nicht nach seiner E-Mail-Adresse oder seinem Namen in einem sozialen Netzwerk fragen. Gefühle übertragen sich nicht virtuell. Für Ihre erneute Kontaktaufnahme ist es deshalb sehr wichtig, dass Sie sich in der bestmöglichen Kontaktposition zu Ihrem Flirtpartner befinden und dies ist das persönliche Gespräch am Telefon.

Wie bekommen Sie die Telefonnummer? Ganz einfach: Fragen Sie danach! Sagen Sie einfach, dass Sie das Gespräch gern fortsetzen würden, jetzt aber leider keine Zeit mehr haben und fragen Sie dann nach der Telefonnummer Ihres Flirtpartners.

Geben Sie nicht Ihre Telefonnummer aus der Hand, ohne auch die Telefonnummer Ihres Flirtpartners zu bekommen. Ansonsten ist die Gefahr sehr groß, dass Sie nie wieder etwas von Ihrem Flirt hören.

Wählen Sie den richtigen Zeitpunkt, um das Gespräch zu beenden. Eine kurze Unterhaltung ist gut. Wenn sie zu lang dauert, kann sie langweilig werden.

Bleiben Sie immer ruhig und gelassen!

Wenn Ihr Flirtpartner zögert, Ihnen seine Telefonnummer zu geben, seien Sie nicht verunsichert. Das ist völlig normal. Die meisten Menschen sind schüchtern und haben Vorbehalte, wenn Sie von Fremden angesprochen werden. Wenn Ihr Gesprächspartner sich weiterhin freundlich mit Ihnen unterhält, versuchen Sie es nach wenigen Minuten erneut – mitunter auch mehrmals.

Wenn Ihr Flirtpartner unfreundlich wird, machen Sie sich lieber aus dem Staub. In diesem Fall stehen Ihre Chancen auf Erfolg nicht gut. Auch dies ist keine Katastrophe sondern völlig normal. Nicht jeder ist ständig dazu bereit, seine Telefonnummer einer anderen Person zu geben. Außerdem wissen Sie nicht, in welcher emotionalen Verfassung sich Ihr Flirtpartner befindet und ob dieser gegebenenfalls in einer Beziehung ist und aus diesem Grund kein Interesse an Ihnen hat, obwohl Sie ihm vielleicht durchaus sympathisch sind.

Zumindest haben Sie Ihr Bestes getan, hatten eine nette Unterhaltung und eine Übungslektion im Flirten.

Die erste Verabredung

Verabreden Sie sich nicht zu früh, allerdings auch nicht zu spät mit Ihrer neuen Bekanntschaft. Innerhalb eines Zeitraumes von drei bis sieben Tagen sollten Sie sich auf jeden Fall melden.

Rufen Sie an!

Melden Sie sich telefonisch bei Ihrer neuen Bekanntschaft. Wie bereits erwähnt, kommt es auf Ihre persönliche Wirkung an. Diese überträgt sich nicht über soziale Netzwerke oder E-Mail.

Generell gelten die folgenden Regeln fürs Telefonieren:

Rufen Sie niemals mehr als einmal am Tag an. Wenn Ihre neue Bekanntschaft nicht ans Telefon geht, rufen Sie erst am folgenden Tag wieder an.

Haben Sie Geduld!

Wenn Sie an drei aufeinanderfolgenden Tagen angerufen haben, ohne dass Ihre neue Bekanntschaft ans Telefon ging, warten Sie ein paar Tage, bevor Sie es erneut versuchen. Vielleicht hat Ihre neue Bekanntschaft gerade Stress auf Arbeit oder mit dem oder der Ex oder vielleicht ist sie einfach nur ins Ausland verreist.

Wenn Ihre neue Bekanntschaft über einen Zeitraum von circa zwei bis drei Wochen nicht ans Telefon geht oder nicht zurückruft, wenn sie sieht, dass Sie sie angerufen haben, geben Sie es auf. Über den Grund der Kontaktverweigerung können Sie nur spekulieren. Sie wissen nicht, was mit Ihrer Bekanntschaft passiert ist. Vielleicht ist Ihre Bekanntschaft in einer Beziehung, die sie bei Ihrer ersten Begegnung verschwiegen hat. Vielleicht ist sie zu schüchtern. Vielleicht war der Zeitpunkt unpassend. Sie wissen es nicht.

Das einzige, das Sie in dieser Situation tun können, ist die Telefonnummer Ihrer neuen Bekanntschaft vorerst beiseite zu legen und sie in zwei bis drei Monaten wieder hervorzukramen, um einen neuen Versuch zu starten. Möglicherweise hat sich die Situation Ihrer Bekanntschaft mittlerweile dahingehend geändert, dass sie nun offen für eine Verabredung mit Ihnen ist. Dies muss allerdings nicht der Fall sein. Seien Sie sich darüber im Klaren.

Eine Nachricht auf dem Anrufbeantworter sollten Sie in diesem Stadium einer sich anbahnenden Beziehung NICHT hinterlassen. Der Reiz, sich auf eine Nachricht nicht zu melden und die Nachricht als solche als »Sieg« zu sehen, ist sehr verlockend. Dies gilt insbesondere für Frauen.

Vorsicht mit dem Anrufbeantworter!

Sollten Sie dennoch einmal eine Nachricht auf einem Anrufbeantworter hinterlassen, fassen Sie sich kurz. Bemühen Sie sich ausgesprochen freundlich und keinesfalls gekränkt oder in irgendeiner Form schlecht gelaunt zu klingen. Hinterlassen Sie NIEMALS eine Nachricht auf einem Anrufbeantworter Ihres (potentiellen) Partners oder Ihrer (potentiellen) Partnerin, wenn Sie gekränkt oder schlecht gelaunt sind! Insbesondere nicht, wenn Sie sich gerade über Ihren (potentiellen) Partner oder Ihre (potentielle) Partnerin geärgert haben.

Halten Sie das Gespräch kurz!

Halten Sie sich auch kurz, wenn Ihre neue Bekanntschaft ans Telefon geht. Kurzer Smalltalk zum Einstieg und dann geht's los. Machen Sie einen Vorschlag für eine Verabredung. Überlegen Sie sich vorher, was Sie anbieten möchten und in welchem Zeitfenster. Machen Sie einen konkreten Vorschlag. Zeigen Sie auch, dass Sie nicht unendlich Zeit haben und Ihre Zeit somit wertvoll ist.

Der Zeitpunkt für ein Treffen sollte circa fünf bis sieben Tage nach ihrem Telefonat liegen. Somit hat Ihr potentieller neuer Partner die Gelegenheit Vorfreude zu entwickeln und sich in eine leicht erregte Stimmung zu versetzen. Dies verstärkt die möglicherweise schon vorhandenen positiven Gefühle Ihnen gegenüber.

Tauchen Sie unter!

Nach ihrem Telefonat machen Sie sich deshalb auch erst einmal rar und lassen bis zu Ihrer Verabredung nichts mehr von sich hören.

Image: imagerymajestic / FreeDigitalPhotos.net

Ziel der ersten Verabredung sollte nur sein, sich ein wenig kennenzulernen. Machen Sie sich klar, dass es zunächst nur darum geht, sich nett zu unterhalten sowie die Interessen, Eigenarten und Lebensumstände bzw. Vorstellungen über das Leben Ihrer neuen Bekanntschaft herauszufinden. Im Idealfall sollten Sie natürlich auch ein wenig Spaß miteinander haben.

Lernen Sie Ihre neue Bekanntschaft kennen!

Am Ende der Verabredung werden Sie entweder Lust verspüren, mehr über Ihre neue Bekannte oder Ihren neuen Bekannten zu erfahren oder Sie werden bemerken, dass Ihre neue Bekanntschaft doch nicht zu Ihnen passt. Manchmal bedarf es einiger weiterer Treffen, um dies herauszufinden.

Die meisten von uns erwarten wohl eher von einem Mann, dass er das erste Date plant und arrangiert, um für eine aufregende Gestaltung zu sorgen. Aber auch als Frau können Sie punkten, wenn Sie sich einige Gedanken über den möglichen Ablauf Ihrer ersten Verabredung machen.

Überlegen Sie sich eine kurzweilige Aktivität!

Sie sollten sich etwas Kurzweiliges ausdenken, was zu Ihrem Typ passt. Das versetzt Ihre neue Bekanntschaft in einen mehr oder weniger erregten Zustand und weckt sein bzw. ihr Interesse. Die Unternehmung muss passend sein, möglichst auch für Ihre neue Bekanntschaft. Da Sie diese noch nicht sehr gut kennen und seine oder ihre Vorlieben möglicherweise noch nicht sehr gut einschätzen können, sollten Sie sich im Zweifel eher für etwas Schlichtes entscheiden. Die Klassiker – einen Kaffee oder Tee im Café oder einen Drink in einer Bar – sind in jedem Fall geeignet. Ein opulentes Abendessen sollten Sie nur wählen, wenn es dafür einen triftigen Grund gibt. Dies kann zum Beispiel der Fall sein, wenn Sie sich mit Ihrer neuen Bekanntschaft ausschweifend über ein bestimmtes Restaurant unterhalten haben und beschließen, dieses zusammen auszuprobieren.

Sollten Sie sich in einem Restaurant verabreden und sind Sie diejenige Person, die das Restaurant organisiert, sparen Sie nicht am Ambiente. Suchen Sie einen Ort aus, der eine romantische, angenehme Atmosphäre hat.

Strahlen Sie Leichtigkeit aus!

Betonen Sie niemals welche Leistung oder Anstrengung Sie bei der Gestaltung einer Verabredung hatten. Strahlen Sie im Gegensatz Leichtigkeit aus und vermitteln Sie Ihrem Flirtpartner eher den Eindruck, dass Sie selbst keinen Anteil am Arrangement hatten.

Planen Sie auch nicht zu viel Zeit ein. Aktivitäten, die länger als eine Stunde dauern, können unangenehm und langweilig werden, sollten Sie bei Ihrem Treffen bemerken, dass die Chemie zwischen Ihnen nicht stimmt. Auch hier empfiehlt sich ein zwangloses Treffen in einem Café oder in einer Bar. Dieses können Sie bei Bedarf ziemlich zügig abbrechen.

Halten Sie Ihr erstes Treffen kurz!

Selbst wenn Ihnen Ihre neue Bekanntschaft zusagt, sollten Sie das Treffen dennoch nicht unnötig in die Länge ziehen. Sie wissen nicht, wie Ihr Gegenüber Sie empfindet. Sie sind ihm oder ihr vielleicht ganz sympathisch, aber möglicherweise stellt er bzw. sie bei Ihrem Treffen fest, dass Sie trotz der Sympathie nicht als potentielle Ehefrau oder potentieller Ehemann in Frage kommen. Sollten Sie sich allerdings trotzdem stark von Ihrem Gegenüber angezogen fühlen, könnten Sie im Nachhinein sehr enttäuscht sein, wenn sich Ihre neue Bekanntschaft nach dem Treffen reserviert zeigt und es trotz Ihres Wunsches danach kein Happy End gibt. Halten Sie Ihr Treffen deshalb kurz und sondieren Sie nach Ihrem Treffen in Ruhe, wie sich Ihre Bekanntschaft Ihnen gegenüber verhält.

Verlassen Sie sich nicht darauf, dass Ihre Verabredung zu Ihrem Rendezvous erscheint. Es kommt immer wieder vor, dass ein Verabredungspartner es sich anders überlegt (zum Beispiel weil er oder sie zu schüchtern ist) und nicht absagt (zum Beispiel weil er oder sie zu ängstlich ist). Überlegen Sie sich schon vorher eine Alternativbeschäftigung für diesen Fall.

Spiegeln Sie!

Für die erste Verabredung gelten die gleichen Spielregeln der Kommunikation, auf die wir schon eingegangen sind. Achten Sie also auf Harmonie und Sympathie zum Beispiel durch Spiegeln.

Mit dem Spiel des Spiegelns können Sie für noch mehr Sympathie sorgen. Spiegeln Sie die Körpersprache Ihres Gegenübers. Bewegen Sie sich auf die gleiche Art und Weise wie Ihre Verabredung. Achten Sie jedoch immer darauf, dass dies unauffällig geschieht. Sie werden bemerken, dass Ihnen dies nach einer gewissen Zeit des Übens leicht fallen wird.

Benutzen Sie selbst die sprachlichen Gewohnheiten Ihres Gegenübers. Achten Sie dabei insbesondere auf die Bedeutung, die Ihr Gesprächspartner einzelnen Wörtern beimisst. Wir alle haben unsere eigenen Werte und Wertungen für jeden Begriff. Passen Sie Ihren Tonfall, Sprechgeschwindigkeit, Rhythmus und Lautstärke Ihrem Flirtpartner an.

Lassen Sie Ihre neue Bekanntschaft von sich erzählen!

Frauen fühlen sich besonders wohl, wenn sie sich mit anderen unterhalten können. Wenn Sie ein Mann sind, geben Sie Ihrer Gesprächspartnerin also die Chance zum Erzählen. Wichtig ist in diesem Fall auch gutes Benehmen. Bezeichnen Sie Ihre Verabredung stets als Dame. Erzählen Sie zunächst wenig von sich selbst. Bleiben Sie etwas geheimnisvoll und lassen Sie Ihr Gegenüber ruhig etwas fragen.

Denken Sie an Ihr Outfit!

Für Männer und Frauen gilt, dass Sie Wert auf ein gutes Outfit bzw. gute Kleidung legen sollten. Stellen Sie sich immer vor, dass Sie zu einem Bewerbungsgespräch als Ehemann bzw. Ehefrau verabredet sind. Übertreiben Sie es aber auch hier nicht. Frack und Ballkleid sollten Sie nur tragen, wenn Sie sich zum Opernball verabredet haben. Überlegen Sie sich also einen Stil, der zum Anlass passt.

Reden Sie über Lebensthemen!

Ihr Gespräch bei der ersten Verabredung sollte nun etwas tiefgründiger geführt werden, als dies noch bei Ihrem ersten Treffen der Fall war. Beginnen Sie Ihr Gespräch mit leichten Themen. Beginnen Sie mit etwas Small Talk, fragen Sie nach Lieblingsfilmen, -essen, -büchern, -musik. Vermeiden Sie es dabei aber wie bei einem Interview zu wirken. Gehen Sie dann mehr und mehr zu wichtigeren Lebensthemen über, die Ihnen einen Eindruck der Welt geben, in der Ihr Gesprächspartner lebt. Verwenden Sie dabei vor allem offene Fragen.

Diese Themen geben Ihnen einen guten Eindruck davon, ob Ihr Gegenüber als Partner für Ihren weiteren Lebensweg tauglich ist, oder ob Sie die Person vielleicht doch lieber nicht noch einmal treffen möchten.

Finden Sie vor allem heraus, wie Ihr potentieller Partner über Beziehungen denkt. Gibt es Unterschiede zu Ihrer Vorstellung von der perfekten Beziehung? Sollten Sie sich eine monogame Beziehung wünschen, während Ihre neue Bekanntschaft erkennen lässt, dass sie lockere Affären mit wechselnden Partnern bevorzugt, lassen Sie die

Finger von ihm oder ihr. Ansonsten werden Sie es früher oder später bereuen.

Werden Sie nicht Freund oder Therapeut!

Bieten Sie sich niemals als bester Freund, Kumpel oder Therapeut an. Zum einen geht man mit seinen Freunden in der Regel nicht ins Bett. Ein zu freundschaftlich-kumpelhaftes Verhältnis kann Sie also von weiteren amourösen Abenteuern abhalten. Zum anderen kann dies für Komplikationen sorgen, sollte sich einer von Ihnen beiden in den anderen verlieben, während der andere dies nicht tut.

Als Therapeut sollten Sie sich niemals anbieten. Dies schafft nur Probleme und Komplikationen für Sie. Es gibt andere Personen, die Ihrem Flirtpartner bei seinen Problemen helfen können. Außerdem schläft man in der Regel auch nicht mit seinem Therapeuten, da dieser an Probleme erinnert und nicht an romantische Gefühle oder sexuelles Verlangen.

Achten Sie auf die Einstellung Ihrer Bekanntschaft zu wichtigen Themen!

Wenn Ihr Gegenüber Ihnen tatsächlich sympathisch ist, beachten Sie in Ihrem Gespräch, ob Sie die Grundwerte, Grundhaltungen und Lebensansichten Ihres Gesprächspartners teilen. Signalisieren Sie eine ähnliche Grundhaltung zu wichtigen Lebensthemen, strahlt dies eine ungemeine Verbundenheit aus und Ihr Gesprächspartner wird sich emotional zu Ihnen hingezogen fühlen.

Beobachten Sie, wie Ihr Gegenüber auf äußere Ereignisse und insbesondere auf Ihr Verhalten reagiert. Zeigen Sie dabei ähnliche Reaktionen zum Beispiel Begeisterung oder Entsetzen. Übertreiben Sie es aber bitte nicht und bleiben Sie authentisch.

Strahlen Sie die Attraktivität der Leichtigkeit aus!

Vermitteln Sie Ihrem Flirtpartner das Gefühl von »Flow«, das heißt einer Art tragender Leichtigkeit. Alles scheint von selbst zu gehen, ohne dass man sich anstrengen muss. Sie und Ihr Flirtpartner können sich im Einklang mit der Welt fühlen und gelassen dem Ausgang der weiteren Entwicklung entgegensehen. Sie sind mit allem zufrieden, was sich aus der Situation ergibt. Diese Leichtigkeit strahlt eine ungemeine Attraktivität aus.

Für Männer gilt, dass Sie besonders oft rasche und klare Entscheidungen treffen sollten. Das zeigt, dass Sie Ihr Leben im Griff haben und dass Sie wissen, was Sie wollen. Nicht zu wissen, was man will, wird von Frauen meist als sehr unattraktiv angesehen.

Als Frau haben Sie es etwas leichter. Seien Sie im Gegenteil etwas zurückhaltend, da ein allzu forsches Auftreten insbesondere schüchterne Männer leicht verunsichern kann.

Kleiden Sie sich gut. Nicht extravagant, aber so, dass Sie sich wohlfühlen und dass Sie davon überzeugt sind, dass Sie gut aussehen. Strahlen Sie Energie, Zuversicht, Selbstvertrauen und gute Laune aus.

Wecken Sie Sympathie!

Seien Sie während Ihres Gesprächs entspannt. Sehen Sie Ihrem Gegenüber in die Augen, lächeln Sie und zeigen Sie Ihrem Gegenüber Ihre Handflächen. Erwähnen Sie auch öfters den Namen Ihres Flirtpartners. All dies lässt Sie Ihrem Gegenüber sympathisch erscheinen.

Stellen Sie das Interesse Ihres Flirtpartners auf die Probe, indem Sie sich für einige Minuten entfernen, zum Beispiel um auf die Toilette zu gehen. Achten Sie auf die Reaktion Ihrer Verabredung bei Ihrer Rückkehr. Werden Sie zurückerwartet?

Wenn Sie ein Mann sind, bringen Sie Ihre neue Bekannte nach Hause. Zumindest bieten Sie ihr an, sie mit Ihrem Wagen nach Hause zu bringen oder ihr ein Taxi zu rufen. Sollte sie ablehnen – was wohl in den meisten Fällen passiert – ist das völlig in Ordnung. Es geht nur um die Geste, ihr den gemeinsamen Nachhauseweg anzubieten. Seien Sie also darauf vorbereitet, dass sie ablehnt.

Halten Sie Ihr Auto und Ihre Wohnung sauber!

Sollte Sie Ihre Einladung annehmen, sollten Sie dementsprechend darauf vorbereitet sein und sich ihr Auto in einem sauberen und ordentlichen Zustand befinden. Das wirkt verführerisch. Ein dreckiges oder staubiges Auto wirkt extrem unattraktiv.

Dies gilt im Übrigen auch für Ihre Wohnung. Auch wenn Sie Ihre neue Flamme wahrscheinlich noch nicht nach der ersten Verabredung mit zu sich nach Hause nehmen werden, so doch vielleicht nach einem späteren Treffen. Seien Sie also in jedem Fall darauf vorbereitet, in dem Sie Ihre Wohnung immer sauber halten. Dies gilt insbesondere für Bad, Küche und Schlafzimmer.

Machen Sie es sich zu Eigen, Ihre Wohnung als Ort der Verführung zu betrachten und gestalten Sie sie dementsprechend. Halten Sie sie in jedem Fall sauber und ordentlich.

Berühren Sie Ihren Flirtpartner!

Wenn sich die Gelegenheit ergibt, berühren Sie Ihren Flirtpartner vermeintlich unabsichtlich an einer unverfänglichen Stelle. Sie können zum Beispiel die Finger berühren, wenn Sie etwas reichen, oder beim Gehen den Handrücken. Es muss auf jeden Fall natürlich wirken und darf nicht absichtlich erscheinen.

Die zweite Verabredung

Manchmal landet man bei der ersten Verabredung schon miteinander im Bett. Das kann in Ordnung sein. Das könnten Sie im Nachhinein allerdings auch bereuen, wenn Sie nach einer Weile feststellen, dass Ihr Flirtpartner doch nicht das Zeug zum Partner fürs Leben hat.

Es gibt kein richtig oder falsch. Das weitere Kennenlernen empfiehlt sich jedoch, bevor man sich in eine Affäre oder eine neue Beziehung stürzt, wenn Sie auf der Suche nach einer langfristigen, gesunden und harmonischen Beziehung sind. Je besser Sie Ihre neue Bekanntschaft kennenlernen, bevor Sie sich auf sie gefühlsmäßig einlassen, desto sicherer werden Sie sich dabei fühlen, wenn es dann soweit ist.

Rufen Sie Ihren Flirtpartner wieder an!

Eine gute Möglichkeit mehr von Ihrer neuen Bekanntschaft zu erfahren, ist eine zweite Verabredung. Zunächst einmal rufen Sie Ihre neue Bekanntschaft nach Ihrer ersten Verabredung an. Das kann am nächsten Tag sein, am übernächsten, drei Tage danach. Dafür gibt es keine feste Regel. Folgen Sie Ihrem Instinkt! Sollten Sie allerdings zu lange warten, könnten Sie zwischenzeitlich bei Ihrem Flirtpartner in Vergessenheit geraten.

Erkundigen Sie sich bei Ihrem Telefonat zunächst nach dem Befinden Ihres Flirtpartners. Fragen Sie, ob er oder sie nach Ihrer ersten Verabredung gut nach Hause gekommen ist oder etwas Ähnlichem und lenken Sie dann das Gespräch auf eine erneute Verabredung.

Achten Sie auf die Reaktion Ihres Gesprächspartners!

Spätestens in diesem Moment werden Sie ein Gespür dafür bekommen, ob sich Ihr Flirtpartner bei Ihrer ersten Verabredung ähnlich amüsiert hat, wie Sie das vielleicht getan haben. Wie reagiert Ihr Gesprächspartner? Zeigt er oder sie sich sofort begeistert für ein neues Treffen oder druckst die Person herum und erklärt Gründe, warum es momentan gerade unpassend ist?

Image: imagerymajestic / FreeDigitalPhotos.net

Natürlich werden Sie niemals genau wissen, was eine andere Person dazu bringt, sich in einem bestimmten Moment so zu verhalten wie sie es tut. Vielleicht ist Ihr Gegenüber gerade sehr beschäftigt und hat wirklich keine Zeit. Sollten Sie Anzeichen dafür bekommen, dass es mit der Motivation Ihres Flirtpartners in punkto gemeinsamer Treffen nicht so weit her ist, seien Sie zumindest vorsichtig und machen Sie sich klar, dass dies Anzeichen dafür sein könnten (aber nicht sein müssen), dass das Interesse Ihres Flirtpartners an einem Wiedersehen mit Ihnen nicht sehr groß ist.

Halten Sie sich mit Ihren Gefühlen zurück!

Allerdings ist ein am Telefon begeisternd wirkender Flirtpartner auch kein Garant dafür, dass Sie nun beide miteinander glücklich werden. Vorsicht ist auf jeden Fall geboten. Seien Sie zurückhaltend mit Ihren Gefühlen.

Wenn Ihr Flirtpartner für ein erneutes Treffen bereit ist, verabreden Sie sich miteinander.

Bereiten Sie die zweite Verabredung vor!

Machen Sie sich schon vor Ihrem Telefonat Gedanken über den Ablauf Ihres Treffens. Das zweite Treffen sollte länger dauern als das erste. Sie haben ja mittlerweile eine Meinung über Ihren Flirtpartner, welche Sie nun vertiefen wollen. Planen Sie also ruhig ein paar Stunden für das zweite Treffen ein. Involvieren sie dabei mehrere Orte. Das verstärkt das Verbundenheitsgefühl zwischen Ihnen beiden, denn es wird Ihnen und Ihrem Flirtpartner erscheinen, als hätten Sie schon eine Menge miteinander erlebt. Das kann für Sie von Vorteil sein, insofern Sie ernstes Interesse an Ihrem Flirtpartner haben und Sie möchten, dass er oder sie Sie sympathisch und aufregend findet.

Unternehmen Sie etwas, das Ihnen auch allein Spaß machen würde!

Gehen Sie beispielsweise in mehrere Bars, machen Sie einen Strandspaziergang, gehen Sie Eis essen, schauen Sie sich eine Ausstellung an oder tun Sie etwas ganz anderes. Unternehmen Sie etwas, das Ihnen Spaß macht – egal ob zu zweit oder allein. Das wird Ihnen weiterhin zeigen, ob Sie und Ihr Flirtpartner Ähnlichkeiten haben und Sie miteinander kompatibel sind.

Flirten Sie während Ihres Treffens, spiegeln Sie Ihren Flirtpartner, berühren Sie ihn leicht aber übertreiben Sie es nicht. Das Ziel des zweiten Treffens ist, sich einfach wohl zu fühlen und einander besser kennenzulernen.

Wenn Sie sich mit Ihrer neuen Bekanntschaft nun bei Ihrem zweiten Treffen immer noch amüsieren und Sie das Gefühl haben, dass sich auch Ihr neuer Bekannter oder Ihre neue Bekannte dabei amüsiert: sehr gut! Das sind die besten Voraussetzungen für eine sich anbahnende Beziehung. Aber bleiben Sie auch weiterhin vorsichtig und halten Sie sich mit Ihren Gefühlen auch weiterhin etwas zurück.

Weitere Treffen

W ie schon erwähnt gibt es keine Regel dafür, was Sie genau und wann machen sollen. Wir geben nur Empfehlungen. Tun Sie das, was Sie für richtig halten.

Treffen Sie sich zu Hause!

Unser Vorschlag für die dritte Verabredung besteht darin, dass Sie sich mit Ihrem Flirtpartner entweder bei Ihnen oder bei Ihrem Flirtpartner zu Hause treffen. Kochen Sie etwas für Ihren Flirtpartner oder lassen Sie sich bekochen. Sie können auch gemeinsam kochen, allerdings könnte es besser sein, dies für später – wenn Sie sich besser kennen – aufzuheben. Wenn Sie nicht kochen können, besorgen Sie etwas von jemandem der Kochen kann, bestellen Sie zum Beispiel etwas in einem Restaurant. Mit jemandem ein Essen zu teilen hat eine tiefe Bedeutung. Es fördert unser seelisches Wohl und schafft eine emotionale Verbindung zwischen uns. Es ist schon ein wenig intim, da wir nicht mit jedem Menschen ein Essen teilen – schon gar nicht in unserer Wohnung.

Schweigen Sie miteinander!

Sie haben sich bei Ihren ersten Treffen womöglich viel miteinander unterhalten. Jetzt könnte es an der Zeit sein, etwas Zeit mit gemeinsamem Schweigen zu verbringen. Schauen Sie also vielleicht einen Film zusammen. Einigen Sie sich aber besser im Voraus darauf, was für einen Film Sie beide schauen wollen, damit sich nicht einer von Ihnen beiden langweilt.

Ansonsten gilt das gleiche wie bisher: Flirten Sie und haben Sie Spaß miteinander. Wenn Sie sich bereit fühlen und es möchten, küssen Sie sich, haben Sie Sex.

Und noch ein kleiner Tipp: Ihre Gedanken bestimmen Ihre Ausstrahlung. Dies gilt natürlich auch für romantische Momente. Wenn Ihnen danach ist, schauen Sie Ihren Flirtpartner also an und denken Sie daran, wie sexy er oder sie ist und wie schön es wäre, Sex miteinander zu haben.

Image: imagerymajestic / FreeDigitalPhotos.net

Wann der richtige Moment zum Küssen gekommen ist, ist sehr stark von der jeweiligen Situation abhängig. Fühlen Sie sich dazu bereit? Haben Sie das Gefühl, dass Ihr neuer Partner dazu bereit ist?

Küssen Sie Ihren neuen Partner!

Ein erster Kuss erfordert Mut. Wenn Sie das Gefühl haben, dass es passt, tun Sie es einfach. Wenn Sie sich oder Ihre neue Beziehung noch nicht bereit dafür finden, ist das auch in Ordnung. Bei manchen von uns geht das etwas schneller, manche brauchen etwas länger. Beides ist in Ordnung.

Wenn es mit dem Küssen noch nicht klappen sollte, verabschieden Sie sich nach Ihrem Treffen einfach voneinander und vereinbaren Sie neue Treffen – solange bis sich ein passender Moment ergibt.

Wenn es beim wiederholten Mal nicht funktioniert und wenn Sie dabei das Gefühl haben, dass Ihr neuer Partner es ist, der sich jedes Mal aus der Affäre zieht, stellen Sie ihn oder sie zur Rede. In diesem Fall liegt wahrscheinlich ein Problem vor, dass sie miteinander besprechen sollten. Tun Sie dies offen und ehrlich.

Haben Sie Sex mit Ihrem neuen Partner!

Sollte es mit dem Küssen funktionieren, haben Sie vielleicht auch bald Sex miteinander. Genießen Sie es, denken Sie allerdings bitte auch an die notwendigen Maßnahmen zur Verhütung bzw. dem Schutz vor Geschlechtskrankheiten. Sie kennen Ihren neuen Partner noch nicht sehr lange, seien Sie also vorsichtig!

Genießen Sie gemeinsame Momente!

Wenn Sie sich mit Ihrem neuen Partner wohlfühlen und amüsieren, genießen Sie die Zeit, die Sie miteinander verbringen und öffnen Sie sich langsam Ihrem neuen Partner gegenüber. Eine gesunde Zurückhaltung ist allerdings auch weiterhin für einige Zeit empfehlenswert. Verschleudern Sie Ihre Gefühle nicht, sonst werden Sie bitter enttäuscht sein, sollte sich nach einiger Zeit herausstellen, dass Ihre neue Beziehung doch nicht funktioniert.

Die neue Beziehung

Erinnern Sie sich noch an die Partnerbeschreibung, die Sie zu Beginn der Beschäftigung mit diesem Buch entworfen haben? Nehmen Sie sie zur Hand und vergleichen Sie, ob Ihr neuer Partner dem gewünschten Idealbild entspricht!

Ist dies der Fall, ist das sehr schön. Wenn nicht, kann das auch in Ordnung sein. Sie müssen entscheiden, wie wichtig Ihnen die einzelnen Punkte Ihres Entwurfes sind. Können Sie Ihr Bild revidieren? Gibt es Dinge, die Sie tolerieren können?

Lernen Sie Ihren neuen Partner kennen!

Geben Sie der neuen Beziehung etwas Zeit, sich zu entwickeln! Möglicherweise müssen Sie Ihren neuen Partner erst etwas besser kennenlernen, um sich eine endgültige Meinung über ihn zu bilden.

Sollten Sie jedoch einige Aspekte tolerieren, die Sie zunächst nicht tolerieren wollten, da sie nicht zu Ihrem Idealbild passen und sollte Ihre neue Beziehung nach einiger Zeit an diesen Aspekten scheitern, dann seien Sie bei Ihrer nächsten Beziehung vorsichtiger und gehen Sie vielleicht weniger Kompromisse ein.

Lassen Sie Ihren Partner Ihre Liebe spüren!

Wenn Sie nach einiger Zeit bemerken, dass Sie sich in Ihren neuen Partner verliebt haben, lassen Sie ihn dies spüren. Warten Sie jedoch einige Zeit, bis Sie ihm diese Liebe gestehen. In der Anfangsphase einer Beziehung kann ein übereiltes Liebesgeständnis kontraproduktiv sein, da sich der Partner eventuell bedrängt fühlt.

Sagen Sie ihrem Partner weiterhin nicht zu oft, dass Sie ihn lieben.

Wenn Sie dies zu oft tun, verlieren diese Worte an Bedeutung und üben Druck auf Ihren Partner aus. Handeln Sie lieber, anstatt etwas zu sagen, und drücken Sie Ihre Gefühle auf diese Weise aus. Zeigen Sie Mitgefühl, helfen Sie oder tun Sie etwas Nettes. Überraschen Sie Ihren neuen Partner ab und an, zum Beispiel mit einem romantischen Abendessen.

Seien Sie auch nicht übertrieben nett in der Anfangsphase Ihrer neuen Beziehung. Versuchen Sie nicht zu viel Zeit mit Ihrem neuen Partner zu verbringen, sobald Sie das Gefühl haben, dass Sie diesem sympathisch sind. Ansonsten könnte sich dieser auch bedrängt fühlen.

Seien Sie zärtlich zu Ihrem Partner, küssen Sie ihn bzw. sie. Übertreiben Sie es aber nicht. Drängen Sie Ihren Partner nicht und finden Sie ein gesundes Maß, welches den Wunsch Ihres Partners nach Zärtlichkeit nicht übersteigt.

Lieben Sie Ihren Partner so, wie dieser es sich wünscht!

Lieben Sie Ihren Partner nicht so, wie Sie es sich wünschen. Andernfalls könnte Ihre Beziehung an Ihren enttäuschten Erwartungen scheitern.

Geben Sie Ihrem Partner das, was ihm oder ihr fehlt. Überlegen Sie dabei, was hat Ihr Partner in früheren Beziehungen oder im Anfangsstadium Ihrer Beziehung genossen? Geben Sie dies Ihrem Partner immer und immer wieder und zwar in noch angenehmerer Form.

Achten Sie auf Gemeinsamkeiten!

Zu Beginn Ihrer Beziehung sollten Sie auf Ähnlichkeiten achten. Das verstärkt Ihre Verbundenheit mit dem neuen Partner. Sorgen Sie für Gemeinsamkeiten. Treiben Sie zusammen Sport und unterhalten Sie sich über Ihre gemeinsamen Werte und Einstellungen zum Leben. Lernen Sie die Freunde Ihres Partners kennen und stellen Sie ihm Ihre Freunde vor.

Lachen Sie miteinander!

Lachen Sie viel gemeinsam und seien Sie zärtlich zueinander. Die Wichtigkeit des gemeinsamen Lachens kann gar nicht genug betont werden. Wenn Sie gemeinsam lachen, fühlen Sie sich miteinander verbunden, wie dies bei keiner anderen Sache der Fall ist.

Image: alexisdc / FreeDigitalPhotos.net

Streicheln Sie auch das Ego Ihres Partners. Geben Sie ihm wertschätzende Rückmeldungen und Komplimente zu seinen vorteilhaften Besonderheiten. Dies führt zu erlebter Bewunderung.

Lieben Sie Ihren Partner mit den Augen und Ihrem Blickverhalten. Denken Sie ab und an daran, ihn zu spiegeln. Das tut auch weiterhin gut.

Akzeptieren Sie Ihren neuen Partner, wie er ist!

Nehmen Sie Ihren Partner oder Ihre Partnerin vor allem so an, wie er oder sie ist. Versuchen Sie nicht, Ihren Partner zu verändern. Insbesondere in der Anfangsphase einer Beziehung kann diese daran sehr schnell wieder zerbrechen, da sich Ihr Partner möglicherweise von Ihnen bedrängt und in seiner Freiheit eingeschränkt fühlt. Heben Sie stattdessen seine positiven Seiten hervor.

Planen Sie Ihren Alltag mit Ihrem neuen Partner!

Zeigen Sie Ihrem Partner desweiteren, dass Sie ihn in Ihre Pläne und Entscheidungen einbeziehen. Tun Sie dies bei ganz banalen Dingen, wie Ihrer Einkaufsliste bis hin zur Planung Ihres Wochenendes oder Änderungen, die Sie in Ihrem Leben durchführen möchten, zum Beispiel einen Urlaub oder einen Umzug. Seien Sie aber vorsichtig, dass sich Ihr Partner, insbesondere im Anfangsstadium Ihrer neuen Beziehung, nicht zu eingenommen von Ihnen fühlt.

Machen Sie Ihrem Partner gegenüber keine falschen Versprechen. Machen Sie stattdessen kleine Versprechen und halten Sie diese. Sagen Sie ihm zum Beispiel zu, ihm bei einer schwierigen Aufgabe zu helfen und tun Sie dies dann oder versprechen Sie die Gestaltung eines schönen Wochenendes zu zweit und organisieren Sie dies dann.

Üben Sie niemals Druck aus!

Drängen Sie Ihren Partner nie. Sie möchten gern mit ihm oder ihr zusammenziehen? Seien Sie vorsichtig und äußern Sie entsprechende Wünsche niemals voreilig. Wenn die Zeit dafür reif ist, planen Sie Ihre Zukunft gemeinsam. Treffen Sie keine einsamen Entscheidungen. Setzen Sie sich gemeinsame Ziele.

Haben Sie keine zu hohen Erwartungen!

Wenn Sie eine Beziehung mit einem anderen Menschen eingehen, machen Sie sich frei von Erwartungen. Damit vermeiden Sie eine verzerrte Wahrnehmung und Enttäuschungen, wenn sich Ihr Gegenüber als anders entpuppt, als Sie sich ihn oder sie in der Anfangsphase Ihrer Beziehung vorgestellt haben.

Seien Sie loyal und respektvoll!

Verhalten Sie sich jederzeit loyal Ihrem Partner gegenüber und respektieren Sie ihn. Ihr Partner hat in einer Diskussion mit Freunden nicht Recht ist aber emotional sehr stark involviert? Fallen Sie ihm nicht in den Rücken. Wenn Sie anderer Meinung sind, halten Sie sich bestenfalls dezent zurück. Unterstützen Sie Ihren Partner, wo Sie ihm zustimmen.

Wenn Sie beide miteinander reden, sollten Sie allerdings durchaus Ihre eigenen Meinungen vertreten. Sie müssen sich nicht gleich mit Ihrem Partner streiten. Wenn Sie alles abnicken, was Ihr Partner von sich gibt, obwohl Sie eigentlich anderer Meinung sind, machen Sie sich nicht sehr interessant.

Räumen Sie Ihrem Partner Freiheiten ein. Lassen Sie ihm seine Hobbys und Treffen mit Freunden. Für Männer gehört es zu ihrem Selbstverständnis, sich mit ihren Freunden auf ein Bier oder zum Fußball schauen zu treffen. Für Frauen gehört es dazu, sich mit Freundinnen zu Gesprächsrunden und zum Einkaufen zu treffen. Das sollte für Sie beide auch weiterhin ganz normal sein. Zeigen Sie keine Eifersucht, verfallen Sie nicht in Verlustangst und klammern Sie nicht.

Gleiches gilt natürlich auch für Sie selbst. Verbringen Sie nicht hundert Prozent Ihrer Zeit mit Ihrem neuen Partner, sondern gehen Sie weiterhin Ihren Hobbys nach und treffen Sie sich regelmäßig mit Ihren Freunden ohne Ihren neuen Partner.

Image: imagerymajestic / FreeDigitalPhotos.net

Gängeln Sie Ihren Partner nicht. Engen Sie ihn nicht ein und kontrollieren Sie ihn nicht. Ihr Partner wollte um neun zu Hause sein und ist um fünf nach neun noch nicht da? Rufen Sie nicht gleich an, sonst wird sich Ihr Partner möglicherweise bedrängt fühlen.

Spielen Sie »beide gewinnen«!

Mäkeln Sie nicht an Ihrem Partner herum. Wenn Sie dennoch etwas an Ihrem neuen Partner nicht ausstehen können, kleiden Sie Ihre Vorstellung in einen Wunsch. Fragen Sie Ihn zum Beispiel, ob es möglich wäre, öfters frische Hemden anzuziehen anstatt immer eine Woche lang mit dem gleichen herumzulaufen. Seien Sie sich bewusst, dass die Antwort auf solche Wünsche »nein« sein kann. Wenn dies so ist, müssen Sie das akzeptieren. Wenn sich Ihr neuer Partner auf Ihren Wunsch einlässt und dieser tatsächlich eine Verbesserung für ihn bringt, haben Sie beide gewonnen.

Achten Sie auf die Botschaften zwischen den Zeilen.

Partnern in einer Beziehung wird von Beziehungsexperten immer dazu geraten, viel mit einander zu reden. Dass Sie dies oft und intensiv machen sollten, ist sicherlich richtig. Ebenso wichtig ist es allerdings auch, auf das zu achten, was Ihr Partner sagt und wie er dies sagt. Achten Sie auf die Botschaft zwischen den Zeilen, die Ihnen Ihr Partner vermitteln möchte. Dies ist sehr wichtig, da es das beste Früherkennungsmittel für eventuelle Probleme ist. Zerreden Sie aber auch nichts. Zu viel Kommunikation kann Ihren Partner möglicherweise nerven.

Kommunizieren Sie niemals mit klagendem Tonfall. Vermeiden Sie Schuldzuweisungen. Versuchen Sie sich immer wieder in Ihren Partner hineinzuversetzen. Wie würden Sie auf bestimmte Verhaltensweisen Ihres Partners reagieren?

Sorgen Sie für Abwechslung!

Vermeiden Sie Routine in Ihrer Beziehung. Sorgen Sie für gemeinsame Unternehmungen und gemeinsame Erfahrungen. Dazu gehören romantische Momente ebenso wie ein schöner Ausflug, ein gemeinsamer Urlaub, aufregende, spannende und interessante Aktivitäten oder die Geburt Ihres gemeinsamen Kindes. Eine Beziehung, in der jeder für sich selbst lebt, wird nicht sehr lange dauern.

Lieben Sie sich selbst!

Seien Sie vor allem auch ein für sich selbst glücklicher Partner. Sie müssen sich selbst lieben, sich selbst für liebenswert halten und für sich selbst glücklich sein. Das macht Sie auch für Ihren Partner liebenswert!

Wenn Sie dies berücksichtigen, haben Sie die besten Chancen eine dauerhafte, gesunde und harmonische Beziehung zu führen. Wir hoffen, dass wir Ihnen mit diesem kleinen Ratgeber auf Ihrem Weg dorthin etwas weiterhelfen konnten und wünschen Ihnen gutes Gelingen & viel Erfolg!

Image: stockimages / FreeDigitalPhotos.net

Im Buch erwähnte Bücher:

Byrne, Rhonda, »*The Secret – Das Geheimnis*«, München, 2007

Grasberger, Delia, »*Autogenes Training*«, München, 2003

Kehling, Leonard / Torres, Gabriela, »*Ex zurück!? – Das Geheimnis des Wiederzusammenkommens*«, Norderstedt, 2012

IN DIESER REIHE BEREITS ERSCHIENEN

»Ex zurück!? – Das Geheimnis des Wiederzusammenkommens«

»Flirt zurück! – Das Geheimnis, den perfekten Partner zu finden«

IN VORBEREITUNG

»Liebe zurück! – Das Geheimnis einer gesunden Partnerschaft«

»Sex zurück! – Das Geheimnis eines erfüllten Sexlebens«

»Leben zurück! – Das Geheimnis von Glück und Zufriedenheit«

FÜR IHRE NOTIZEN

....

....

....

....

....

....

....

....

....

....

....

....

....

....

....

....

....

....

....

....

....

....

....

....

....

....

....

....

....

....

FÜR IHRE NOTIZEN

....
....
....
....
....
....
....
....
....
....
....
....
....
....
....
....
....
....
....
....
....
....
....
....
....
....
....
....
....
....

FÜR IHRE NOTIZEN

....
....
....
....
....
....
....
....
....
....
....
....
....
....
....
....
....
....
....
....
....
....
....
....
....
....
....

FÜR IHRE NOTIZEN

....
....
....
....
....
....
....
....
....
....
....
....
....
....
....
....
....
....
....
....
....
....
....
....
....
....
....
....
....
....

FÜR IHRE NOTIZEN

....
....
....
....
....
....
....
....
....
....
....
....
....
....
....
....
....
....
....
....
....
....
....
....
....
....
....
....
....

FÜR IHRE NOTIZEN

....
....
....
....
....
....
....
....
....
....
....
....
....
....
....
....
....
....
....
....
....
....
....
....
....

FÜR IHRE NOTIZEN

....
....
....
....
....
....
....
....
....
....
....
....
....
....
....
....
....
....
....
....
....
....
....
....
....
....
....
....
....